未来を
見てしまった男

木内鶴彦の
超驚異的な超宇宙

木内鶴彦 語り
小笠原英晃 聞き手

地球と
共に
生き残る
たった
一つの
道すじ

ヒカルランド

はじめに

病気や事故で生命の危機に瀕《ひん》した際、この世を超えた〃不可思議な光景〃を見てきたと証言する人たち――作家の立花隆氏はそんな「臨死体験」をした人々に丹念に聞き取り調査をし、『証言・臨死体験』（文春文庫、文藝春秋）としてまとめている。

この本には23人の〃あの世の証人〃が登場するが、その中の一人が本書にご登場いただく彗星《すいせい》研究家・木内鶴彦《きうちつるひこ》氏である。

木内氏はこれまで数多くの著書や共著書を出しており、世界的にも希有《けう》な臨死体験者の一人として知られているが、氏のことをまだあまりご存じない方のために、ここで木内鶴彦氏の略歴を記しておこう。

木内　鶴彦氏のプロフィール

1954年長野県佐久市小海町出身。彗星探索家（コメットハンター）。環境共生型の産業構造と経済システムを研究・実験することを目的とした「NGO GREEN GAIA」代表。

幼少の頃より星や宇宙の神秘に魅せられ、彗星に興味を持つ。航空自衛隊に入隊後、22歳のとき生死をさまよう病気（上腸間膜動脈性十二指腸閉塞《へいそく》）になり、世界で例のない30分もの呼吸・脳波・心臓停止の死亡状態から生還した。その後、自衛隊退官。

以後、長野県にて天体観測を続け、数年間に4つの彗星を発見した。1992年、〝見つけたらノーベル賞級〟と言われた行方《ゆくえ》不明になっていたスウィフト・タットル彗星をたった11桁の電卓を使い、独自の軌道計算により再発見し、世界を驚かせた。さらにその軌道から2126年に地球への衝突を示唆し、映画「デイープ・インパクト」（1998）や「アルマゲドン」（同年）のモデルとなった。臨死体験時に見た地球誕生のときの水をイメージして作った生体活性水「太古の水」を開発。また太陽光を利用したエネルギーシステムを考案し、2008年に国際特許を取得する。

2009年、皆既日食の観測に中国へ行った際体調を崩し、胃からの大量出血により2度目の臨死（死亡）体験をし、奇跡的に蘇生《そせい》する。

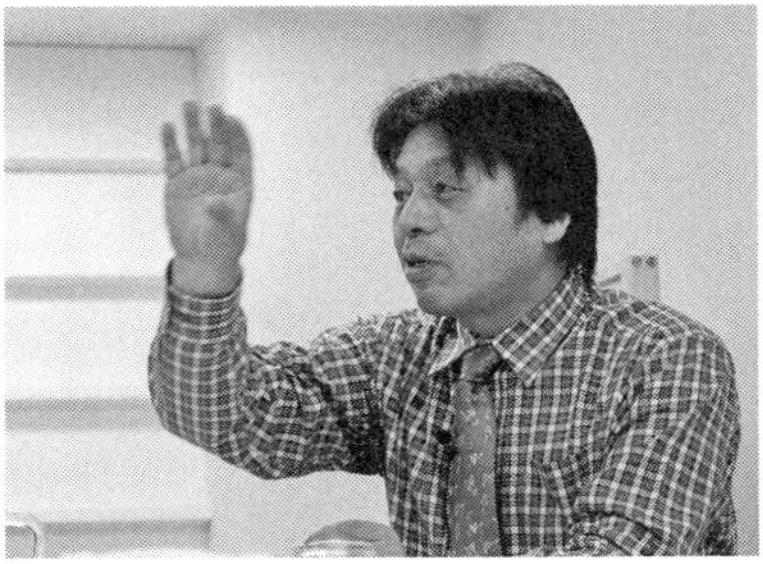
木内鶴彦

現在、全国で講演会や観望会を行い、天文や環境問題、特に光害とそこから派生する自然環境破壊を強く訴えるとともに、地球生態を取り戻す産業構造と経済システムの研究・実験を賛同者らと共に行っている。

著書に『宇宙（そら）の記憶』（龍鳳書房）、『生き方は星空が教えてくれる』（サンマーク出版)、『らくらく5次元ライフのはじまり　はじまり』(中丸薫氏との共著)、『あの世飛行士　未来への心躍るデスサーフィン』、『あの世飛行士　[予約フライト篇]　死んでる場合じゃないよ』(保江邦夫氏との共著)、『これがあの世飛行士の真骨頂！　臨死体験3回で見た《2つの未来》この世ゲームの楽しみ方と乗り超え方！』、『あの世飛行士(タイムジャンパー)は見た!?《歴史の有名なあの場面》あまりに不都合な《歴史トラブル》へのタイムトラベル』(長典男《ちょうのりお》氏との共著)(以上、ヒカルランド)がある。

本書は、木内鶴彦氏への6時間以上にわたるインタビュー取材を通じて、この世(3次元)とあの世(5次元)の関係について探りながら、木内氏の取り組みや木内氏が「第六感」と呼ぶ意識の可能性にフォーカスしていく。その際のポイントは次の3点だ。

一、木内氏が見てきた世界はどのような世界なのか？

二、意識とは何か？
三、混迷の中にある今、私たちはどこに向かうべきか？

本書が、深遠《しんえん》なる木内ワールドの一端を知るためのガイド役となれば幸いである。

小笠原英晃《おがさわらひであき》（インタビュアー）

木内鶴彦の超驚異的な超宇宙　目次

Part 1

世界的なコメットハンターの身に起きた「死後体験」

Part 2

「膨大な意識」の世界と2度目の死後体験

Part 3

地球環境問題への取り組みと「太古の水」

Part 4

死後体験で見てきた「5次元世界」とは？

Part 5

「意識の力」と新しい村づくり

Part 6

「5次元意識」が自分と地球を変える

カバーデザイン　嶋田小夜子（坂川事務所）
校正　広瀬　泉
本文仮名書体　文麗仮名（キャップス）

Part 1

世界的な
コメットハンターの
身に起きた
「死後体験」

「脳機能が完全に止まっても、意識は
時空を超えて活動できます」

木内氏が130年ぶりに発見したスウィフト・タットル彗星《すいせい》とは？

木内鶴彦氏は、世界的な彗星探索家（コメットハンター）として知られている。とりわけその名を世に知らしめることになったのは、〝見つけたらノーベル賞級〟と言われていたスウィフト・タットル彗星を独自の軌道計算によって1992年に発見したことによる。

スウィフト・タットル彗星はペルセウス座流星群の母天体で、1862年7月16日にルイス・スウィフトとホレース・タットルが発見したものの、その後行方《ゆくえ》不明となり、世界中の天文学者らが捜《さが》していた。

この彗星の軌道は地球の軌道と接触しており、その周期は130年前後と考えられていたことから、実地天文学者であった木内氏はペルセウス座流星群が現れる可能性を予測して、毎年夏の夜空を見上げて観測をし続けた。その結果、ついに92年9月27日の午前3時頃、世界に先駆けてスウィフト・タットル彗星を再発見する。

この発見は世界に大きな衝撃を与えただけでなく、アメリカの天文学者ブライアン・マースデン博士が改めてスウィフト・タットル彗星の軌道計算をやり直したところ、さらなる衝撃的な予測がもたらされた。

それは、次に帰ってくる2126年の8月14日には歴史上かつてないほど地球に大接近し、もしも周期が15日だけ狂ったらこの彗星は地球と衝突するというもの。木内氏もその後の観測を踏まえて、たとえ地球に衝突しない場合でも、彗星の吹き出すガスに接する距離に近づいただけで恐竜大絶滅にも匹敵するような大災害が起こるのは必至であると予測した。

この木内氏によるスウィフト・タットル彗星の再発見と予測がきっかけとなって、世界中の専門家の間で論議がくり広げられるようになり、彗星の衝突から地球を守るために核ミサイルを使って彗星の軌道を変えてはどうかとの案が提出されるとともに、そのアイデアがハリウッド映画の監督たちにも伝わって、映画「ディープ・インパクト」（1998年）や「アルマゲドン」（同年）のモデルとなった。

ちなみに、木内氏はそれ以前にも1990～91年にかけて次の3つの彗星を発見している（内1つは行方不明になっていた彗星の再発見）。

・1990年3月16日：チェルニス・木内・中村彗星（1990b）発見。

・1990年7月16日：土屋・木内彗星（1990i）発見。

・1991年1月7日：メトカーフ・ブリューイントン彗星発見。

こうした経緯から、コメットハンターとしての木内氏の名はNASAやハッブル天文台の科学者の間でも広く知られるようになっていった。

だが、木内氏にはもう一つ希有《けう》な特異性がある。

それは、3度に及ぶ臨死体験だ。単に「三途《さんず》の川を見てきた」というレベルの臨死体験ではなく、心肺停止後30分も経過し、医学的には「死亡」した後に記憶を持って蘇生《そせい》した体験であり、しかも1度ならず3度もそのような体験をしているのが、木内氏の極めて希有な特異性なのである。

チェルニス・木内・中村彗星

スウィフト・タットル彗星

死後30分後に奇跡的に息を吹き返す

木内氏が最初に臨死体験をしたのは1976年、22歳のとき、航空自衛隊の自衛官だった頃だ。木内氏によるこれまでの記述や証言に基づいて、そのときの出来事を時系列でお伝えしておこう。

当時、世界で120例しかなく、助かった人のいない重篤な腸閉塞《ちょうへいそく》を起こし、手術前の検査の段階で激しい脱水状態に陥り、ひと晩で体重が30キロも激減。激痛で七転八倒した後、意識がもうろうとし始め、意識が消えては戻るといった危篤《きとく》状態が10日間ほど続いた。

このとき、たまりかねた木内氏の父親が担当医に「死んでもいいから検査をしてほしい。原因がわからない状態では親として忍びない」と無理にお願いをしている声をかすかに耳にした木内氏は、心の中で「よくぞ言ってくれた」と感謝したという。

しかし、レントゲン検査が終わった後、木内氏は深い危篤状態に陥り、心臓、呼吸、脳波がすべて停止し、瞳孔《どうこう》反応もなかったことから担当医はそこでカルテに「死亡」と書いた。

ところが、その30分後に奇跡的に息を吹き返し、蘇生《そせい》したのだ。入院中、木内氏の体は骨と皮だけで、まるで生ける屍《しかばね》状態になっていたという。

周りから見ても意識がないように見えていたようで、自衛隊の同僚が木内氏の顔を見て、部屋を間違えたといって出て行くほど面影もなく、また木内氏の姉も顔を見て泣き出すほど痛々しい姿だった。

医師は、病室の外の廊下で木内氏の両親に向かってこう言った。

今は心臓だけで持っているが、もはや治療法はなく、「あと1週間の命です」と。

木内氏は、その声は自分の耳で聞こえていて、「死んだらどうなるのだろう?」という思いがよぎったという。そしてその後、医師の予測通りいったんは死亡し、

30分後に蘇生することになるのだが、その間に彼が見てきた世界は、他の臨死体験者と同じような「あの世」の光景と同時に、それとはまったく異なる次元の光景が含まれていた。

木内氏は、肉体の死後、意識が離脱していったときの様子を次のように述べている（以下、木内氏の発言は、著書からの引用および取材時のコメントを加えてすべて**太字**で記載する）。

スー、ハー、スー、ハー、スー、と呼吸していたのが、急に、ハー、スッというかんじで、息が吸えなくなり、文字通り、「息を引きとる」のがわかった。そして、その瞬間は、まったく苦しくなかった。肉体が死んでいるのに意識は、自分の死体を眺めることができた。

さらに、視覚、聴覚、嗅覚《きゅうかく》、触覚、味覚などの五感が、意識でもハッキリあったことに驚いた。病床で意識不明の際、そのような第一段階の臨死、いわゆる《あの世》の情景を見ていたら、すうっと意識がベッドの上にいる現実の自分に

戻った。

しばらくしたら、トックントックンと打っていた心臓の拍動が停《と》まったのがわかった。息ができなくなるはずだが、痛みも苦しみもない。

三途の川を渡って亡き親類たちと出会う

木内氏によると、心肺停止状態になった後も意識や五感はあり、最初に見た「あの世」の情景は、自分が沼のような場所にいて、遠くに光が見えたという。真《ま》っ暗闇《くらやみ》の中、ボーッとしたかすかな光が見えたので、「これでやっと抜け出せる」と思って無我夢中で光のほうに突き進み、やがて疲れて眠り込んだ。

眠りから覚めると、草原にいて、後ろに薄暗いトンネルがあり、そのトンネルを抜けてきたことがわかった。草原の先には大きな川が流れていて、「これは三途の川の夢を見ているに違いない」と思って夢から覚めるように思ったが状況は変わらなかったことから、川を渡るための船を捜《さが》したら小さな手漕《てこ》ぎの木造の船があったので、それで向こう岸まで渡った。

体を休めた後で辺りを見渡すと、そこは一面芝生のような草原で、焚火《たきび》らしき光が見え、その光でシルエットになった人形をした影が近寄ってきた。それは喪服を着た美しい女性で、「お前はなぜここへ来たんだ」「向こうでみんなが待っているから私についておいで」と言われ、その女性の後をついていくと亡くなっている祖父やいとこ、親戚《しんせき》と思われる2人が焚火を囲んでいた。

生前仲のよかったいとこと彼の家の話をした後、女性に促されて親戚の人たちに別れを告げ、小高い丘を登って行くとそこには果てしなく広がる金色の世界があった。

辺り一面に花が咲き乱れ、色とりどりの絨毯《じゅうたん》を敷き詰めたような美しさで、空は黄色く、中ほどは金色に輝いている。心地良いそよ風が吹いていて歩いているだけで気持ちがよく、「ここは誰もいないんですか？」と女性に聞こうと振り向いたら、なぜかその女性の姿もなかった。「ずっと私を案内してくれたあの女性は一体誰だったんだろう」と考えながら心地良い場所を歩いていた……。

意識が戻ったのはちょうどそのときだった。病院のベッドで寝ている自分に意識が戻り、傍《かたわら》には足元の簡易ベッドで寝ている父親と右横には点滴の様子を見守っている母親がいたという。

木内氏が気になっていた自分を案内してくれた謎《なぞ》の女性については、退院後に判明する。実家に戻った際、居間にその女性の写真が置いてあり、母親に確認したところ、母の姉妹、つまり木内氏の叔母《おば》だったことがわかったのだ。

ここまでは、他の臨死体験者が語る内容とよく似ている。

この点について、木内氏自身は臨死体験は大きく2つに分けられるとし、「1回目は、伝承に見られるような、いわゆる〝あの世〟体験である。泥沼のような所をさまよって三途の川を渡ったときに見た、極めて心地良い世界」だったとして、次のように振り返っている。

1回目の「あの世」体験の後に訪れた2回目の体験

この現象は、夢を見ているという感じではなかった。間違いなく自分がこれらの世界におり、体がものに触れる感覚、目でものを見る感覚が、あまりにもリアルだった。しかし、リアルではあるが、一度も見たことのない景色ばかりで、すでに亡くなっている人たちの他に誰もいない不思議な世界。これは世間一般によく言われる〝死後の世界〟に酷似している。というよりもほとんどそのままといってもいい。死に瀕《ひん》した人間は、人によって捉え方に違いはあるものの、このような体験をするようだ。

退院後、実家の居間で見つけた叔母さんの写真は、私が生まれて間もない頃に、叔母さんたち姉妹で写した写真だということだった。私が臨死体験で出会った叔母さんと写真の叔母さんの年格好が同じところからも、〝私が生まれて間もない頃の叔母さん〟の記憶が私の中にあったと推測できる。それはつまり、私はその

頃叔母さんに会ったことがあるということになるのではないだろうか。

このように考えていくと、ここまでの臨死体験、私が言う〝1回目の臨死体験〟は死を迎えるにあたっての心の準備として現れる、脳がつくりだす夢のような現象であると言える。

だが木内氏の場合、ここから実質的な死を迎え、夢や幻覚などでは到底説明のつかない2回目の臨死体験をすることになる。

それは、脳波も止まって肉体的な死を迎えた後、意識だけで過去や未来へ行くことができたことだ。しかも、結果的に「意識だけの世界」で見てきた記憶と、蘇生後に確認した「現実の出来事」が完全に一致していたという。

木内氏は、2回目の体験に入るときの様子を次のように述べている。

いったん意識が戻ったときは、先ほど（1回目）の体験は一体何を意味しているのか？

助かったという意味なのか？　あるいはこれから本当の死を迎えるという意味なのか？　いずれにしても、もし死ぬのであれば、どんな理由で死ぬのかを担当医に聞いておきたいという思いが頭の中を駆け巡り、枕元《まくらもと》にあるナースコールのボタンを押そうとした。

だが手が届かなかったので、その様子を見ていた母親が手のひらにボタンを握らせてくれたものの体力がないのでボタンを押せない。

「医者を呼んでほしい」と2度ほど母親に声をかけ、手のひらにあるボタンを渡そうとした、そのとき……。

息ができなくなり、こめかみあたりに感じていた脈が次第に消えて自分でも心臓が止まるのがわかった。

首がカクンと落ちた様子を見ていた母親は、「死んじゃった！」と叫んで、急いでナースセンターに飛んでいった。

しかし、私は心臓も呼吸も止まったはずなのに意識ははっきりしていて苦しさなどまったく感じられない。

息子の死を告げられた父親は、唖然《あぜん》とした顔で私を見ている。

「俺《おれ》は大丈夫だから」と言ったが、父は反応してくれない。

私は上半身を起こしたが、父の目線は私を通り越してベッドの枕元を見ている。

おかしいと思って振り向くと、ベッドの上に横たわっている自分の体があった。

「ここに自分がいるのにどうしてベッドの上にも自分がいるんだ！」

このとき、まだ自分は生きていると思っていたので、目に映った情景が理解できず、パニック状態になった。

だが、この意識が自分のものであることには変わりなく、父に向かって「俺は生きている」と何度も声をかけた。

呼べど叫べど父が反応しないので、父の耳元で言おうと思って近づいていったら、なんと、視界が父の目で見えている。

そこで、今、自分は父の肉体に入り込んで、父の目を通して見ているのだと気づいた。看護師たちが自分の体にまたがって心臓マッサージや人工呼吸をしているのも見た。

ふと母親がいないことに気づき、「もしかしたら姉たちの所へ電話でもかけにいったのかな。おふくろの所へ行ってみよう」と思ったら、その瞬間、病院の玄関で公衆電話をかけている母のそばに立っていた。

当時、電話が普及し始めたばかりのプッシュホンだったために、母は電話番号をうまく押せず、何度も震える指でかけ直していた。

その脇で「俺は生きてるぞ」と言ったが聞き取ってくれない。

田舎にいる兄にも自分が生きていることを知らせたいと思ったら、その瞬間、今度は病院へ向かう兄の体の中にいて、自分の視線が車を運転する兄のものと重なっていた。

同じように「俺は大丈夫だ」と言い残し、病室に戻ろうと考えたら、突然また病室にいた。

そこで、考えるだけで空間を瞬時に移動できることに気づいた。

意識だけの存在になったことに気づき、過去に行ってみた

ここで、今の自分が肉体を持たない意識だけの存在であることに気づいた木内氏は、もしそうなら、時間や空間の制約を受けなくなって「過去や未来にも行けるかもしれない」と思ったという。

そこで迷うことなく、自分が6歳だったときの「ある夏の日」をイメージした。

そのわけは、その日に起きたことが心の中でずっと気になっていたからだ。

6歳のある夏の日、近くの千曲川《ちくまがわ》の土手で遊んでいたら、「危ない！」という声が後ろから聞こえた。

視線を上げると、姉が足を乗せようとしている大きな石が転げ落ちそうだった。とっさに姉の背中を押したら、石は下に落ちて行ったが、姉は突き飛ばされたせいで、足の親指の爪《つめ》をはがしてしまうほどのケガをした。

兄たちからは、私が悪ふざけをして押したと思われ、拳骨《げんこつ》を食らって叱《しか》られた。「危ない！」という声が聞こえたんだと弁明をしても、どこに声を出した奴《やつ》がいるんだと言われて信じてもらえず、私はそのときの悔しい思いをずーっと引きずっていた。

土手の上には線路しかなく、誰もいなかったのに、確かに人の声が聞こえた。

その犯人扱いされた「あの夏の日」に行きたいと思った瞬間、私は6歳のときの幼い自分と姉の姿を上から見下ろしていた。

見ていたら、あのときの瞬間がだんだんと近づいてきた。

姉がまさにその石に足を乗せようとする。それを見物客のように見ていた私は思わず叫んでしまった。

「危ない！」と。

すると、幼い自分が私のほうをパッと向いて、姉の背中を押した。

私は大きなショックを受けた。なんと、あのときの声の主は、未来の自分だったのだ。

エジプトのピラミッドが造られた謎を目撃――宇宙人が介入!?

さらに、木内氏は以前から興味を抱いていた「世界七不思議」の一つであるエジプトのピラミッドが造られた謎についても知りたくなり、この機会に見てみようと考え、その場に行ってみた。

一般的には、エジプトのピラミッドは4000年前に造られたとされている。だが、木内氏がその時代に行ってみると、すでにピラミッドは完成していた。そこでさらに時間を遡《さかのぼ》って行くと、今から6000年前の時点で建設中の現場を見ることができ、それは次のような光景だったという。

そこにいたのは、エジプト王朝時代に描かれた神殿のレリーフにある神々と同じ姿をした存在で、犬や鳥のような頭をし、体は人間のような姿をしていた。そして彼らが当時の人間を集めてピラミッドの建設に当たらせていた。

彼らは他の星から地球にやってきた宇宙人のようで、彼らに指示された人間たちが地面に5メートルほどの四角い穴を掘って水を流し込み、そこに岩を細かく砕いた砂を入れている。宇宙人が透明な容器から出した薬品のようなものを穴の中に垂らすと、穴の中の水が発泡スチロールのような塊になっていく。

何をしているのかと思って塊の細部に目を転じてみると、化学変化を起こしている様子がクローズアップされ、水の分子の周りに炭素やケイ素、窒《ちっ》素《そ》などの原子が集まり、時間が経つに従って軽石や荒削りの花《か》崗《こう》岩《がん》になっていたのがわかった。

その軽石を人間たちが4人1組になって軽々と持ち上げて、わずかの隙《すき》間《ま》もない石段を積み上げていく。その作業を何度もくり返しながら巨大な三角形の構造を造りあげ、最後に頂上から順に大理石のような白い石板を岩の表面に貼《は》りつけてピラミッドが完成した。

この光景を見た木内氏は、長年謎だった巨大ピラミッドが造られた理由を知っ

ギザの三大ピラミッド

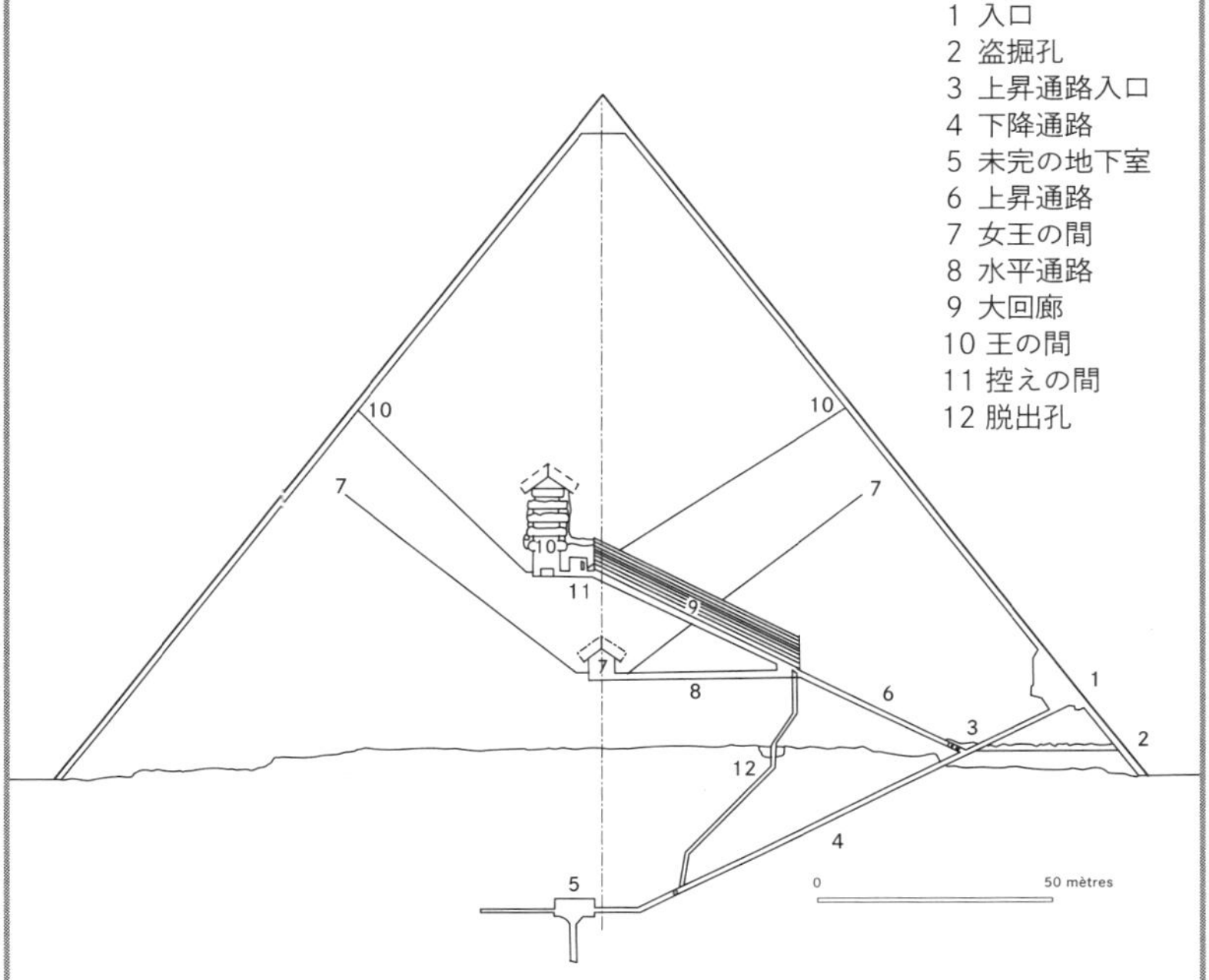

クフ王のピラミッドの断面図

て「なるほど」と納得したものの、宇宙人の介入によって文明が発展したという点については理解が追いつかないまま病室に戻っていったという。

意識体の瞬間移動で友だちに会ったり、肉体が蘇《よみがえ》ったときのために印を残す

過去の出来事に関しては、自分の脳にインプットされた何らかの情報や記憶が蘇ってきた可能性も否定できない。そこで木内氏は、意識体だけで瞬間移動できることの確証を得るために、地元長野県の星仲間の所に行ってみた。

そこは仕事場の事務室で、ちょうど県外に出た友だちも帰ってきていて3人揃《そろ》っていた。彼らはそこで思い出話をしており、入院していることは知らない木内氏の話題も出た。

彼らの話題が車の話になったとき、木内氏はあることを思いついた。それは友人たちの意識の中に入り込んで、信号待ちの車に乗っている人と自分のイメージを重ねたら彼らはどんな反応をするかと思って、実際に試してみたのだ。

すると、車に乗っている人が木内氏に見えたようで、しきりに木内氏の名前を呼びながら1人の友だちはその車に近づこうとしたが、車は走り出した。そのため、彼らは声を掛けたのに木内氏が無視して立ち寄らなかったと思い込んで怒っていた。

その一部始終を見聞きしていた木内氏は、これが妄想や幻覚でない限り、彼らの記憶にも残っているはずだと思い、退院後に仲間に会って確認することにした。すると、木内氏が見てきたことと、そのときに彼らの現実に起きた出来事とがぴったりと符合していた。

その場にいなかったはずの木内氏があまりにも詳しく知っていたので、友だちは不思議そうな顔をしていた。そこで、3人がその夜からひどい頭痛に襲われたと聞いた木内氏は、もしかしたら自分が彼らの意識に入ったことが原因なのではと思ったという。

この一件でも、意識は同じ時間帯に空間を超えて他の場所に瞬時に移動できることがわかった。

また、極めて科学的な思考の持ち主である木内氏は、肉体が蘇ったときのために意識体で訪れた先である仕掛けをしてきている。

それは、臨死体験の中で訪れたさまざまな時代のさまざまな場所に、いくつか証拠になるようなものを残してくることだ。

現存する有名な神社や世界各地の古代遺跡に、自分だけにわかるメッセージを刻みつけて、蘇生《そせい》後にそれを調べに行き、自分の目で確認する。それによって、臨死時の体験記憶が自分の脳がつくりだした幻想や単なる思い込みではなく、意識体だけで時空を超えて移動し、その時代の人の肉体を借りて見聞してきた事実であることが立証できるからだ。

どんな時代のどんな場所でも一瞬で移動できることから、木内氏はエジプトのピラミッドの他、ノアの方舟《はこぶね》、インカのマチュピチュや日本国内でも何カ所か目印をつけてきたという。

まだそのすべてを検証したわけではないものの、これまでに調べた場所に関してはそれらの印を確認できており、高地県のT神社にもその証拠が確かにあったそうだ。

木内氏によると、臨死時に江戸時代のT神社に行き、宮大工の体に入って造営中の柱に「つる」という字を書いてきた。そして、蘇生してから知人の招待で初めて四国を訪問することになり、そのときに同行者たちに誘われてT神社に立ち寄ったという。

なぜか見覚えのある風景だったので「あれ？　もしかしてこの神社は……」と臨死時の体験を思い出し、社殿の裏をウロウロ、キョロキョロしながら自分が落書きした柱を探していた。

同行者からは「木内さん、そんな所で何してるの？」と不思議がられたので、木内氏は直接宮司に聞いてみた。すると宮司は「なぜ、それを知っているんですか？」と驚いて、その柱を木内氏に見せてくれた。まさしくその字は自分の書いた文字に違いなかった。

そして宮司からも、神社の古文書に「社殿造営中の柱に突然見たこともない梵《ぼん》語《ご》のような文字が現れた。神様からの御言葉かと騒動になった」などと書かれているとの証言が得られた。

そこで宮司に事情を話したら、「そうでしたか、これでようやく謎が解けました。私たちもどうしてこの時代に突然梵語のような字が出てきたのかずっと不思議に思っていたのです」と言われたという。

この例のように、臨死時に時間を超えて訪れた場所にサインを残し、後で確認するのが蘇生後の木内氏の楽しみの一つになっている。

臨死時に見た光景が18年後にそっくりそのまま起きた

木内氏は、瞬時に過去や別の場所に行けるのなら未来にも行けるはずだと思い、「未来」ということだけを強く思ってみたら、ある光景が見えてきたという。

30畳ほどの大広間で、中年の男性が30人ほどの若者を相手に話をしていた。その場所はとても風格があり、床の間には幅1メートル、高さ1・5メートル

ぐらいの掛け軸が掛けられている。絵は建物の見取り図のように見えた。部屋の左右にはスピーカーが置いてあり、参加者はコの字形に座っている。近づいて、その演者の男性の顔を見たら、少し老けてはいたが私自身だった。天文学の話を中心に地球環境の大切さを訴えている。

私は、中年の自分が存在しているならば生き延びられるのかもしれないと思った。

これには後日談がある。1度目の臨死体験から18年後の1994年10月、かつて自分が目撃したシーンが、高野山の洗浄心院という寺において現実になったのだ。その寺を訪れたのは、そこが「第一回　世界将来世代京都フォーラム」という国際会議の開催場所で、スウィフト・タットル彗星の発見者として木内氏が招かれたからだ。

木内氏によると、最初に通された寺の部屋ではなぜか懐かしさを感じたという。「でも、臨死状態で見たときの光景とは少し違うな」と思っていたら、実は講演場所はその隣の部屋で、後ろの襖《ふすま》を開けられてその部屋に移動したら臨死体験時に見たときと同じ掛け軸が下げられていて、参加者もコの字形に座っていたなど、すべてが昔見た通りの光景だった。

18年前の時点では、自分が着ていたシャツの色は灰色に見えていたが、講演会の当日に着ていたシャツは緑色。だがよく見てみたら、部屋の蛍光灯の光の加減で実際には灰色に見えたことから、あのときの条件がすべて揃っていた。

そこで、フォーラムの代表者にその話をしたら、講演の中でもその話を加えてほしいと言われ、先に臨死体験の話をしてから「宇宙から見た地球」というテーマで講演。このときの参加者一人ひとりの顔も臨死時に見た表情そのままで、18年前に体験した意識体の自分が今この場に同時に存在していると思うと、不思議な気がしてならなかったという。

過去の6歳のときの出来事は、客観的に証明することができない。だが、高野山での講演が現実となって現れたことで、木内氏の確信はより強まった。

さらに、木内氏は衝撃的な未来ビジョンも見ている。それは、初老の2人の自分がいて、その姿と情景はまるで二重写しの写真のように一つに重なって見えていたという。

初老の2人の自分が指示していた「2つの道」

一つは、緑の多い場所で子どもたちと一緒に望遠鏡で星を見ながら、楽しそうに話をしている自分。

もう一つは、廃墟《はいきょ》になった土地で愕然《がくぜん》と立ちつくしている自分の姿。戦争か災害でも起きたかのごとく、建物は崩壊し、山の木々も1本も見当たらない。あたりを見回すと多くの人が倒れていて、年老いた自分は何人かの人たちとさまよい歩いている。

2つのビジョンが同時刻の同じ場所ということは、自分の容貌《ようぼう》と星の配置でわかった。異なる2つのビジョンが見えたということは、未来がまだ確定してないことを示す。

木内氏は「このどちらの未来を手にするかは自分の選択によって決まる」と考えたという。

意識だけで時空を自由自在に動き回れることがわかると、木内氏の好奇心は大きく膨《ふく》らみ、宇宙の始まりを確かめたいという衝動に駆《か》られ、実際にその光景を目にすることになる（これについてはＰａｒｔ２で詳述）。

こうした特異な体験によって、木内氏は「この宇宙とは何なのか？」「自分とは何なのか？」といった問いを追究せざるを得なくなり、その疑問がより天体観測に向かう原動力になっていった。

一般的な臨死体験とは何が違うのか？

ここであらためて、木内氏の体験の特異性を知るために、「一般的な臨死体験とは何が違うのか？」について考えてみたい。

一般的に、臨死体験者といわれる人たちは「仮死状態」で生き返る。つまり、心肺停止だが脳波は停止していない状態。そこで通常なら蘇生処置が施されるが、脳に酸素が行かなくなると脳細胞は5分ほどで壊死《えし》し始め、やがては死を迎える。

心肺停止後、時間が経てば経つほど脳にダメージが及ぶわけだが、脳の機能が停止すれば十分な酸素供給ができなくなるため、仮に蘇生したとしても脳に障害が残る可能性があり、寝たきりの状態になることも少なくないという。

木内氏の場合も、心肺停止に加え脳波が30分間止まっていたために「死亡」と診断されたわけだが、それにもかかわらず奇跡的に息を吹き返したことから、担当医のカルテには死後蘇生したと記録された。これは国内で唯一のケースだという。

このように、医療の臨床現場において死亡確認（死の判定）を行うのは、①心拍の停止、②呼吸の停止、③脳機能の停止（対光反射の消失など）の「死の3徴候」が揃ったときだ。

木内氏の場合もこの3徴候が認められたために死亡と診断されたわけで、それゆえ、木内氏に取材をした立花隆氏も「あなたのは臨死体験ではない。死亡体験だ」と言ったそうだ。

つまり、医学的には「死んでいる」状態で、しかもそこから記憶を持って蘇生し、脳障害（蘇生後脳症）もなかったという、まさに奇跡的な出来事なのである。だが、実際に医学的な常識を覆《くつがえ》すことが起きたということは、死後に本人（木内氏）が垣間見《かいまみ》てきた世界は、決して「脳がつくり出した幻影」などではないことは明らかだ。

また、意識は「脳内の電気化学的なプロセスによって生じる」という考え方も間違っていることになる。なぜなら、脳機能が停止している以上、当然ながら脳内の電気化学プロセスは起きないからだ。

にもかかわらず、木内氏の自意識（認識力）ははっきりとしており、このことから「意識は脳内現象に拘束されない」ことが伺《うかが》える。

この点に関して、蘇生医療の専門家で死後体験の研究者でもあるサム・パーニア氏は、次のように述べている。

心臓が止まった約5分後に血液が流入しなくなった脳は活動を止め、そこで医師たちが心肺蘇生法を開始するものの、脳にはまだ十分な血液が届いておらず、脳波図は水平のまま。

しかし、これまでの死後体験の研究によって、脳が活動を止めた後も記憶があり、それを思い出せる人が存在し、周囲の物事を正確に見て記憶している人たちに関しては、世界中からエピソード的な事例も報告されている。

こうしたことから、サム・パーニア氏は「この問題はもっと詳しく調査される必要がある」と主張する。ようするに、臨死体験の中には、木内氏が体験したような「意識体だけの死後体験」があり、それは脳活動とは別次元で起きている、ということだ。

これは、従来の臨死体験＝「脳内現象説」を覆すと同時に、肉体の死後も意識（霊体）は存在し続けるという「魂存在説」の裏付けにもなり得る。

臨死体験には2つの段階がある

この点について、木内氏自身は、前述したように臨死体験には2つの段階があるのではないかと考えている。

① 第一次体験

三途の川や花畑やトンネルなどを体験したり、人生を振り返ったり、死んだ親族が出てきて「お前が来るのはまだ早い」と言われたなどといった一般的な臨死体験。これは脳機能が急速に低下したときに現れる一種の幻覚作用で、それまでに脳の中に蓄えられた記憶の一部と重なりあって起きる現象なのではないか。

② 第二次体験

脳機能が完全に止まっているのに、はっきりした意識のままで、死後の世界、

物質世界を超えた5次元に移行すること。そこでは思ったことがすぐに実現化し、現在・過去・未来を自由に行き来できる。この体験が事実であれば、時空を超えた「膨大な意識」が深く関わっているのではないか。

①は心肺停止するも脳機能は働いている仮死状態で、木内氏の場合はこの段階で死んでいる自分の姿や周囲の状況を見たり、亡き叔母さんと出会っている。

それに対して、②は心肺停止＋脳機能の停止＝死後体験で、木内氏の場合はこの段階まで進み、後述するように現在の別の場所、そして過去や未来まで行ってそこで目撃してきた情報を命懸けで持ち帰っており、まさにその点こそが特異なのである。

木内氏は、小さい頃から宇宙や天文学が好きな科学少年だったこともあり、「死後に世界があるとは思っていなかった」という。つまり、死んだら意識がなくなるのですべて無になると思っていた。

ところが、脳の働きも止まって肉体的には死んでいるのに、自分の意識はなくなっていなかった。認識力や五感もあって、自分が死んだときの周囲の状況をその目で克明に見ただけでなく、過去や現在の違う場所、そして未来まで行き、他人の意識と同調したり、体を借りることさえできた。しかも、そこで見聞きした記憶と実際に起きた現実がぴったりと符合している——これが木内氏の体験が極めて特異とされるゆえんである。

臨死体験者のその後の変化

木内氏は、蘇生後、航空自衛隊を退官し、彗星探索を再開した。そして、臨死体験を機に、関心テーマが人間存在にも関わる意識の世界と地球環境問題へと向けられ、さまざまな研究と取り組みを始めていくことになる。

ところで、これまでの臨死体験の研究によると、臨死体験者には次のような「事後効果」と呼ばれる変化が起きるといわれている。

【人生への評価】日々の生活にあるものを評価（感謝）するようになる。

【自己受容】他者からの評価を気にせずに、ありのままの自分を認められるようになる。

【他者への気遣《きづか》い】他者への思いやりが増大する（人格的変化）。

【生命への尊敬の念】特に環境問題や生態系への関心が強まる。

【反競争主義】社会的な成功のための競争への関心が弱まる。

【精神性への移行】物質的なものに対する興味が薄れ、精神的な変容へ関心が増す。

【知識欲求】精神的な知識への強烈な渇きを覚えるようになる。

【目的意識】すべての人生には神聖な目的があるという意識が育つ。

【死の恐怖の克服】死に対する恐怖がなくなる。

【死後の世界の確信】生まれ変わりの存在についての信頼、自殺の否定、光への信頼。

【自己超越】小さな自己という殻を破り、宇宙全体へと開かれていく心の成長を望む。

【サイキック現象】ヒーリング・予知・テレパシー・透視能力が身につく。

これらに共通しているのは、物質世界へのとらわれや死後の世界に対する不安や恐れからの解放でもある。

木内氏の証言は、さらにそれに加えて、氏が「膨大な意識」と呼ぶ未知なるあの世の仕組みを知る上で非常に多くの示唆を与えてくれる。また後述するように、木内氏は地球環境問題に対する具体的な提言や発明、さらに生態系を守るための本来の人間としての生き方の提案なども行っている。

その意味において、木内氏の死後体験は極めて希有ではあるものの、そのような体験を持たない圧倒的多数の人に対して、あの世の視点から現代人の生き方を見つめ直すための重要なヒントを与えてくれる。

Part 2

「膨大な意識」の世界と２度目の死後体験

「宇宙は無ではなく、〈膨大な意識〉の歪《ひず》みから始まりました」

個の意識を保ったまま「膨大な意識」の世界を探索

肉体的には死んでいる、けれど意識や感覚は確かにある。

木内氏はそんな意識だけの状態で肉体を抜け出て、時間や空間を超越した「膨大な意識」の世界に移行し、思うがままに探索を続けた。

初めのうちは、「私は私である」という木内鶴彦としての自己意識をしっかりと保っていたものの、やがてそうした意識が薄れていき、「膨大な意識」に吸収されていくのを感じたという。

その意識に包まれはじめたとき、私の意識の中にはなぜか太陽系や地球、そして人間をはじめ動物や植物など生きとし生けるすべての生命体の誕生から終局までの莫大《ばくだい》な情報、つまり宇宙の創造から終局までの大きな流れの情報が浮かび上がり、それがあたかも自分がこれまでに獲得した知識であるかのように広がって

いくのだった。

それは私がこれまで学んできた知識や理性をはるかに超えた〝膨大な意識〟なのだ。しかもそれが、あたかも自分の知識であるかのように、私の意識の中に広がっていくのだ。

そしてうっかりしていると、今まで築き上げてきた、ちっぽけな自分の知性や理性がこの〝膨大な意識〟の中に組み込まれてしまいそうになるのである。つまり〝自分〟を意識できなくなるのだ。


木内氏は、この「膨大な意識」の世界について「物質でもエーテルでもなく、空間そのものが意識であるような状態」と述べている。この点に関しては後で詳しく取り上げるとして、この「膨大な意識」の世界は、少なくとも３次元＋時間（回転運動）を含む４次元を超越している次元（５次元）であることは確かだろう。

それゆえ、宇宙のいかなる時代や場所でものぞき見ることができ、ある場所、ある時を思うだけで瞬時にそこに移動したとしても理論的には矛盾しない。

木内氏によると、それは映像として浮かび上がるのではなく、実際に意識体だけでその場所に行って体感できたという。

ただし、自己意識を持っていないと、「膨大な意識」の世界のすべてがあたかも自分であるかのように思えて、個としての自分を見失いそうになってしまう。そのため、木内氏は個としての意識を保ちながら「膨大な意識」の世界を探索し、そこで宇宙が誕生するプロセスも目撃したという。

蘇生《そせい》後、すべての記憶を細部にわたって思い出したわけではないが、それでもいくつかの記憶は残っていたり、何かの折に思い出すこともあって、「宇宙はどのように誕生したのか?」という点に関しては鮮明に覚えているという。

そのときの記憶によると、大爆発が起き、高温・高密度の状態が膨張して宇宙が形成されたという私たちが知っている「ビッグバン理論」とは多少様子が違っていたそうだ。

ビッグバン理論だと宇宙は「無」から誕生したことになる。だが、木内氏の目撃証言によると、宇宙は無ではなく、「膨大な意識」の歪《ひず》みから始まったというのである。

木内氏の解説よると、私たちが存在している宇宙や太陽系は次のようなプロセスによって発生したことになる。

「膨大な意識」は自ら完全な状態を不完全な状態にした

「膨大な意識」の世界は完全で、何の動きや変化もない退屈な状態。そこで、「膨大な意識」は、自分自身を動かして進化させるために不完全な状態にしたかった。

そのためある時点で歪みをつくり、まずはこの退屈な完全という状態をやめ、不完全にするかたちで宇宙が始まった。

まず「膨大な意識」の作用によって空間に大きな歪みが生じ、その一面に非常に細かい無数の歪みが一斉に生じた。その細かい歪みは、石けんの泡と泡がくっつき合おうとするように、お互いを引き寄せあっている。

一方、空間の歪みが解消されるときのエネルギーの流れが、物質を発生させた。

そこで細かいガスの回転運動（渦）が起き、そのガスが全体に広がり、お互いが引き付けあいながらたくさんの塊ができ、銀河系の元となるガスの塊になっていった。ガスの塊がお互いに押しくら饅頭《まんじゅう》をやっていくうちに臨界量を超えて大爆発し、ビッグバンが起きた。

この後は、ビッグバン以降と同じような経過を辿《たど》って、やがて原始銀河が形づくられた。

小さな歪みのそれぞれの爆発によってつくられたそれぞれの原始銀河群は、泡を形づくるように連なっていく。

やがて原始銀河は、収縮しながら回転し、核を形成していった。爆発によって生じた塵《ちり》やガスはさまざまな所で集まって無数の星々が誕生し、それらが今の銀河となっていった。

そのときの最初の元素が水素で、それからヘリウムやリチウムなどいろいろな元素ができて、太陽系ができたり、地球などいろいろな星々が生まれた。

太陽は、最初は青白い大きな水素ガスの塊だった。水素ガスの巨大な渦がものすごい勢いでくっつき合い、高熱を発して、エネルギーが高過ぎて最初は青白く光って見えるくらいだったのが、やがて大きくなった自分の重さで臨界量を超え、回転運動を始めた。

回転しているうちに回転速度が速まり、その速度によって収縮し始めて、冷えて重い鉄分が中心部に集まり、そのため太陽は赤いガス状の塊に変わっていった。

太陽の外側に鉄分を多く含むガスの塊が取り残されて、それがまた回転しながら徐々に冷却されて星ができた。つまり太陽の子どもの惑星が生まれた。

こうして、太陽からの距離によってさまざまな性質を持つ惑星が誕生していった。

太陽に最も近い水星が一番新しくできた惑星。太陽に近ければ近いほど鉄分の多い赤くて重い惑星になる。

地球よりも太陽から少し離れた火星は鉄のガスの塊で、内側のほうまで鉄が凝縮して冷えているので、硬い殻ができている。

地球はまだ表面だけしか冷えておらず、中はドロドロの溶岩のようなマントル対流が流れている。火星のように中まで固まっていないので、地殻はマントル対流の表面に浮いている薄皮のような状態。

太陽から遠い木星はまだガスが集まって回転しているだけで、殻ができていない。

木内説を裏付けるような証拠が確認された⁉

宇宙が完全なる世界の歪みから生じたという説は、宇宙万物はカオス（光も形もない虚空：隙間《すきま》）から生じたとされる古代ギリシャの神話を彷彿《ほうふつ》とさせる。

一方、太陽系の惑星は、太陽が収縮するたびに生み出された惑星であるという「太陽の子ども説」（木内説）は、従来の説とは異なる。これまで、太陽系は初期の微惑星が衝突や合体をくり返しながらすべての惑星がほぼ同じ年代にできたものと考えられており、そのためこの木内説は当初誰にも相手にされなかったが、最近それを裏付ける証拠が発見されたという。

太陽のすぐ近くで新しい惑星が発見されたのだ。

それは地球ほどの大きさのプロキシマbと名付けられた惑星で、科学誌『ネイチャー』によると、太陽系から最も近い恒星プロキシマ・ケンタウリの周りで発見されたとのこと。太陽からの距離はわずか４・24光年と、宇宙では目と鼻の先。惑星の公転軌道の大きさから推測される温度は、表面に液体の水が存在できる程度の暖かさであるという。

木内氏は、**「太陽がもう少し収縮すると惑星として姿を現すはず。そうなれば、これが水星よりも一番新しい惑星の誕生になる」**と語る。

惑星プロキシマbの発見によって、木内氏による「太陽の子ども説」の信憑《しんぴょう》性《せい》が増したわけだが、この説に従えば、現在の地球の表面は熱した牛乳の表面に張る薄い膜のような状態なので、非常に流動的だと木内氏は指摘する。

「これからもまだいろいろなことが起きる可能性が高く、大きな惑星が近づいて

くると、その重力に引き寄せられて薄皮の大陸がぐにゃりと動いてしまったり、大規模な大陸移動などもあるかもしれない」というわけである。

さらに、木内氏は臨死体験時に、月の発生に関しても驚くべき光景を目撃している。それは「**月は巨大彗星《すいせい》から生まれた**」というものだ。

22歳の臨死時に地球の誕生まで遡《さかのぼ》って見てきた木内氏は、それから33年後の55歳のときに再び立て続けに臨死体験をすることになり、このとき、再度地球の過去と未来を見に行き、そこで月が形成されるプロセスを目撃してきたというのだ。

2度目の臨死体験は2009年7月、皆既日食観測のために訪れた中国・杭《こう》州《しゅう》近くで、胃からの大量出血による吐血と下血のために倒れたのがきっかけだった。

救急車で病院に運ばれたときは、完全に心肺停止の状態。この時点で22歳のときと同様に臨死状態に入り、肉体から抜け出して担架に乗せられて運ばれている自分の肉体を見ていた。

そして、「膨大な意識」に飲み込まれそうになりながらも、どうしても未来に行ってみたいという思いを強く持ちイメージしたら、波動で治療を行う医療機器にかかっていたという。

もっといろいろ見たいと思っていたら、わずかの間に肉体に引き戻された。心臓に電気ショックが与えられ、蘇生《そせい》処置が施されたからだ。

原因は冠静脈破裂だったが、不幸中の幸いで、冠動脈が破裂する前に胃に空いていた穴と静脈の血管が破れた所が重なって、静脈から吹き出した大量の血液が胃の中に流れ込んでいたために一命を取り留めることができた。

だが、その病院では応急処置しかできず、２週間ほど経ってから設備の整った大学病院に転院。そこで破裂した血管の穴を塞《ふさ》ぐ薬を注射されたものの、病院側としては厄介な外国人患者だからか一刻も早く退院させて日本に帰国させたい様子で躍起になっていた。

ところが、中国の外務省から病院に連絡が入り、「木内鶴彦を中国で死なせてはいけない。なんとか助けなければいけない」ということになって、急きょ中国科学院のエリート医師たちが血管を繋《つな》ぎ合わせる手術を行うことになった。

しかし、その手術の直前、検査中にまたしても冠静脈が破裂して大量の吐血と下血に見舞われて危篤状態に陥り、中国で2度目の臨死体験をした。再び肉体を離れて手術室を見渡し、医師や看護師が慌てふためいている様子を見たが、もう慣れたもので、「気持ちは落ち着いていた」という。

中国で起きた2度目の臨死体験

すぐに蘇生させられてしまうと、また肉体に戻らなければいけませんから、私はすぐさま過去に飛ぶことにしました。中国で最初の臨死状態の際には未来を見てきたので、今度は過去に行こうと思ったのです。

今回は行った先々の過去で、私は自分が確かにそこを訪問したという証拠を残してきました。それは北斗七星の形を描いた絵です。その場にいた人間の肉体を借りて、石や岩、建物の柱や壁などに、北斗七星の絵を彫ってきたのです。

なぜ北斗七星だったのかというと、この星は動いていないように見えても、実は固有の動きをしているからです。北斗七星と北極星との位置関係や形を辿っていくと、時代によって異なった形になっています。現代はひしゃくの形をしていますが、過去においてはその形が違っていました。もちろん未来でも形は変わります。

そのときの北斗七星と北極星の形を私が訪ねた場所の岩や建物に刻んでくれば、自分がそこにいた証拠になるでしょう。

私は世界各地に飛び、そこで出会ったさまざまな人の体を借りて、北斗七星の証拠を残してきました。体を借りた人間はその時代の私だったかもしれないし、私の祖先かもしれません。

とにかくそうやって私はたくさんの証拠を過去に残してきました。しかし、今回もそれほど長く臨死状態のままではいられませんでした。優秀な医療スタッフにより、すぐさま蘇生されてしまったからです。

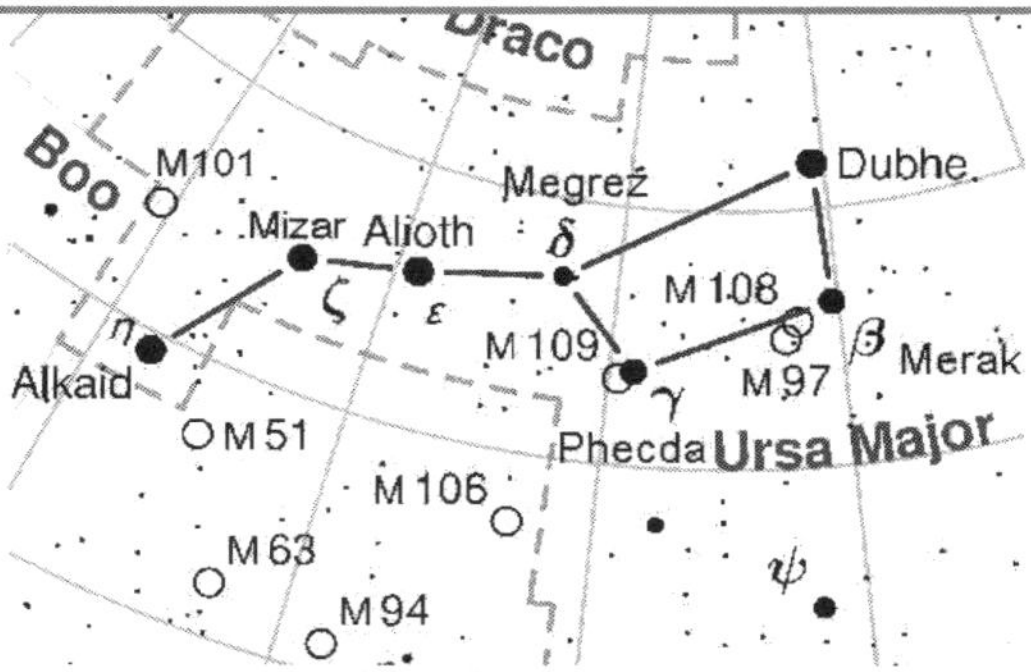

北斗七星は、おおぐま座の腰から尻尾を構成する7つの明るい恒星で象《かたど》られる星列

２度目の臨死時に確認できた「月の起源」

こうして、木内氏は中国の病院で静脈の血管を縫合する高度な手術を受けることができ、さらに機能が低下していた脾臓《ひぞう》も摘出して、１カ月半に及ぶ入院生活を送った後、日本への帰還が可能になった。

このときの臨死体験で特に印象深かったのが、22歳の体験時に見た、地球の誕生時には存在していなかった月を目撃したことだという。木内氏はそのときの様子をこう述べている。

中国での臨死体験の最中、私は地球で生命が誕生したときまで遡《さかのぼ》ってみました。放射線のスパークが起きたり、放射線をえさとする生命体が生まれたり、単細胞から多細胞へ生命が進化していく様子を見てきたのですが、そのとき記憶が蘇《よみがえ》ったのは、22歳のときの臨死体験で垣間見た原始の地球には月がなかったと

いうことです。

私は星の観測を専門にやっているので、どうしても月の存在が気になります。というのも、月の成立にはいろいろな説があって、太陽系ができたときに地球の兄弟星として一緒にできたという説や、地球から分離して生まれたという説、惑星が地球の引力に引き寄せられて月になったという説などがあって、いまだにどれが正しいのか、結論が出ていないのです。

ですから、22歳の臨死体験のときも私は過去に戻って月の存在を確認しましたが、かつての地球には月がなかったのです。月がない時代、地球の大陸は今よりずっと大きく、海は今の地球の3分の1くらいしかありませんでした。そして、その頃の人類は高度な文明を築いていたのです。

ところが今から1万5000年前に巨大彗星が太陽に近づくという恐ろしいことが起きました。巨大彗星の内部には圧力によって結晶化された大量の水や氷がたくわえられていました。それが太陽の熱で一気に溶かされたために、莫大《ばくだい》な水蒸気が発生したのです。

地球の軌道がそこに近づいたとき、気化した水蒸気は地球の引力に引っ張られ、大量の水分が地上に降り注ぐことになりました。地上の多くは海の中に沈み、高度な文明も滅びてしまいました。アトランティス大陸の消失やノアの大洪水などの伝承が残っているのも、このときの洪水が物語として伝えられているからでしょう。

そして軽くなった巨大彗星は軽石のような塊となり、地球の重力に引っ張られて地球の周りを周回する衛星になった――それが月の正体です。

月ができたのは今から１万５０００年ほど前で、月ができたことによって地球の環境は激変し、大洪水によって多くの生命が滅び、地球の3分の2は海で覆われました。そして、月の重力によって地軸が傾き、地球の１日は25時間から24時間になったと考えられます。

「月の母体は巨大彗星の塊で、それが太陽の熱で溶かされた結果、地球の衛星となったのが月」。これはこれまでにない新説だが、木内氏はそれが起きたことを

異常接近した巨大彗星「月」から膨大な量の氷や水が地球にもたらされ、地球上では大洪水が発生した!?　（イラスト：賀青、『龍蛇族探求の原点【イカの線刻石】』浅川嘉富・著より）

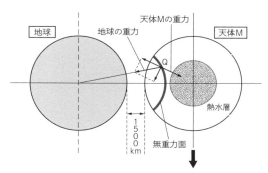

近傍を通った巨大な天体から、地球に水が移されたという高橋実氏による「天体M仮説」。天体Mが地球に超接近した場合、互いの重力が干渉して、無重力状態の空間ができる。図の無重力面がそれだ。このとき、熱水が氷殻を突き破って、噴出し始める。（『灼熱の氷惑星』高橋実・著より）

推測できる現象がいくつかあるという。

地球の生物の体内時計が25時間なのは月の引力がなかったから

もともとの地球には月はなかったという私の説はなかなか信じてもらえませんでした。そこで私はいくつか証明する手がかりを示すようにしています。

例えば動物が持っている体内時計がその一つです。太陽が昇ってきて沈み、また昇るまでの周期を１日といいます。時間でいえば24時間です。

しかし、人間も含め、地球上のすべての生き物が持っている体内時計はみな25時間です。なぜでしょうか？　そこで私はもし月が存在せず、地球が月の引力の影響を受けなかったら、１日は何時間になるのかを計算してみました。するとちょうど25時間になりました。

これは生き物が持っている体内時計と見事に一致します。

このことから、地球の１日は長らく25時間だったのではないかと推測できます。

また地球上で、月の通り道にあたる白道《はくどう》（太陽の通り道は赤道）上に砂漠が点在しているのも偶然とはいえません。月の軌道上では、大量の水が降り注いだに違いありません。石や岩は細かく砕け、山は平坦《へいたん》になり、木々はなくなって、砂漠になってしまいました。だから月の軌道上に転々と大洪水の跡の砂漠が点在しているわけです。

さらに決定的な事実があります。地球上に存在した巨大な恐竜たちの存在です。もし地球が今と同じ質量を持っていたとしたら、重力は質量に比例しますから、あの巨大な恐竜たちは自らの重量によって歩くこともままならなかったはずです。ティラノサウルスを例にとると、今の地球の重力なら時速15キロで歩くのが精いっぱいだったでしょう。ところが、さまざまな検証からティラノサウルスは時速60キロ以上の速度で移動し、獲物を仕留めていたといわれています。

なぜあれだけの巨体で、そんなスピードが出せたのでしょうか。それは地球の質量が今よりずっと軽かったからです。なぜ地球の質量は軽かったのか。そしてなぜ今は質量は重くなって、昔より重力が増えてしまったのか。

その原因が何だったのかというと、地球上で海が増えたことしか考えられません。つまり月の出現による大洪水によって、地球の3分の2は海になってしまい、その分の水の質量が、地球を重くした原因になったのです。

そこで私は月が失っただろう水分量と地球の質量から計算して、地球で増えた水分量を計算してみました。するとこれも見事に一致しました。大洪水の犯人は月であり、その月は今から1万5000年前に突如として現れたのです。

なぜそれが1万5000年前だとわかったのかというと、臨死体験の中で私はその当時天体観測をしていた人の体に入り込むことによって星空を観察していたからです。

星というのは動かないように見えますが、それぞれに固有運動を持っています。ですから過去と現在の星図を比べてみると、同じ星座でも少し形が異なっているわけですが、私は月ができたときの北斗七星の形を見て覚えていました。

北斗七星の形も時代によって変わり、それぞれの星座も固有運動をしているので、その周期性から何年頃だったかと調べれば年代がわかるのです。それが1万

５０００年前。つまり、巨大彗星が地球に接近し、地球の環境を大きく変化させたのは、意外にもそれほど古い時代のことではなかったのです。

実際、アポロ計画で持ち帰った月の岩石を年代測定したら地球よりも古かったことからも、地球と同時にできたのではないことは確かです。そして、そのときの洪水で、地球の陸地の海岸線が２０００メートルほど上がり、人々の生活が一変しました。

洪水以前の地球では、人々は現在よりも２０００メートル低い場所で生活していたのが、洪水の後、２０００メートルという高地生活をするようになった。その結果、当時の人々と比べて寿命が極端に短くなったようです。ようするに、現在の人が短命になった最大の原因は、太古の昔に比べると一種の高山病のような状態で生活をしているからです。

月が誕生する前、人間の身長は男性が3メートルぐらい、女性が2メートル50センチぐらいで寿命は大体３００歳ぐらいだった。それが、月が地球の周りを回ることによるストレスで寿命が短くなり、身長もだんだん低くなっていったわけ

です。

それと、月のない時代、女性の生理は1年に1回の現象でした。ところが、月が回るようになってから、月の潮汐《ちょうせき》運動に振り回されて、ほぼ1カ月に1回の周期になった。だから、今の女性は体にものすごいストレスがかかるわけです。

天文学者だからこそ割り出せた月の形成時期

月の形成については諸説があるものの、現在最も有力とされているのは、太陽系形成初期の地球が形成されたのとほぼ同時期に、地球に巨大な隕石《いんせき》が衝突したことによって現在の地球と月に分かれたとする「ジャイアント・インパクト説」だ。

それに対して、「月よりも地球の形成が先で、1万5000年前、巨大彗星が地球の重力に捕らえられて今の月になった」という木内説は、前代未聞の新説だ。

1万5000年前という年代の考証は、前述したように北斗七星などの星座の形によって導き出したもので、天文学に通じていた木内氏だからこそそれが可能だった。

彗星がもたらした大洪水と月の誕生によって地球環境が激変し、それまでの人類の営みや寿命が一変したとすると、月ができる前、地球人類はそこでどんな暮らしを営んでいたのか？　木内氏はこう語る。

月が誕生する前、地球では高度な文明が築かれていました。

その社会は今の歴史学の常識からすれば、信じられないような光景だと思います。

この古代文明の都市は、当初地下に造られました。

人間が自分たちの生活空間を地下に求めた理由は、実にシンプルなものでした。地上に町をつくると、自然を破壊しなければならないからです。

当時の文明は、「地球の生態系の主役は植物だ」という認識に立脚していたのです。

都市と同じ理由から、道路や線路も造られませんでした。
彼らは空中を移動する乗り物を開発しました。それは今で言えば、飛行機というよりUFOに近いものでした。
緑に覆われた大地、そこには数々の動物が自然を維持するための循環を繰り返していました。その循環の輪の中には、地下に住む人間も、巨大な恐竜も含まれていました。

1万5000年前と言えば、縄文《じょうもん》時代。当時の人々は、地球の環境を破壊しないよう、自然と共生する知恵と技術を駆使して他の動植物らとも平和的に暮らしていた。

ところが、巨大彗星が太陽に近づいて大洪水が起きたことで、地上の多くは海の中に沈み、高度な文明も滅んでしまった……。

こうした大洪水によって失われた古代文明説は、アトランティス大陸やノアの方舟伝承の他、マヤなど先住民族の間でも同様な歴史が語り継がれており、また古代人が争いのない自然との共生的な暮らしをしていたことも歴史学者や考古学者などが同様な見解を示しており、木内氏の証言とも符合する。

世界に名だたる理論物理学者が木内氏の体験について証言！

湯川秀樹博士の晩年の研究を引き継いだ世界的に著名な理論物理学者である保《やす》江《え》邦《くに》夫《お》氏は、「物理学・脳科学・天文学の知識に照らし合わせても、木内さんの臨死体験談には一切矛盾がない！」と評し、木内氏が見てきた宇宙誕生のプロセスについても、自身の専門である「素領域理論」を用いて次のような証言をしている。

この宇宙が生まれる前には、完全調和のみが存在していました。

完全調和というのは物理学の言葉では完璧《かんぺき》な対称性がある状態のことですが、数年前にノーベル物理学賞を受賞したのは、このような完璧な対称性が自発的に崩れてしまう現象を理論的に解明した南部陽一郎《なんぶよういちろう》博士でした。湯川秀樹博士のお弟子さんのおひとりです。

この理論は『自発的対称性の破れ理論』と呼ばれ、現代物理学のほとんどすべての分野に基礎を与えるものですが、宇宙開闢《かいびゃく》前に存在していた完全調和にもこれをあてはめることができます。

一部で自発的に完全調和という対称性が壊れてしまうことになるのですが、その完全調和が壊れた部分それぞれを「素領域」と呼ぶことにします。

そして、その素領域の集合体が私たちの宇宙空間に他なりません。

つまり、空間の最小構成要素として完全調和の中に自発的に生まれたものがそれぞれの素領域であり、それら無数に生まれた素領域の集まりが宇宙なのです。〈中略〉

素領域の内部、つまり完全調和が自発的に破れたところの集合体がこの世としての私たちの宇宙空間になるのです。

そうするとこの世は、完全調和の部分から遠くに切り離されて存在するわけではなく、それぞれの素領域があるこの世のいたるところで、そのすぐ近くで完全調和の部分と接するように存在しているわけです。

完全調和の部分があの世だとすれば、確かにこの世はいたるところであの世と接しているような形で、あの世の中に存在しているということがわかります。〈中略〉

霊魂はこの世を形作っている素領域のすべてを取り囲む完全調和のあの世をとおして、他の霊魂とつながっているのです。

木内さんが死んでいた時間は、1回目のときには30分程度でした。

ということは、木内さんの身体組織を構成するすべての素粒子のそれぞれが入った素領域が、木内さんの霊魂としてあの世の完全調和の一部分によって取り囲まれなくなっていた時間が30分程度だったということになります。その間は、それらの素粒子の間の有機的なつながりを維持する生命機能が働かなくなっていたわけです。

しかし、木内さんの身体《からだ》から離れていた木内さんの霊魂が、遺体の身体組織を構成するすべての素粒子のそれぞれが入っていた素領域を取り囲むあの世の側に再び引き戻されたときには、それらの素粒子の間の有機的なつながりが復元されて生命活動が再開されたのです。

木内鶴彦さんが死んで生き返った現象を『素領域理論』の枠組みによって記述するとこのようなものだったと理解できます。(保江邦夫著『人生に愛と奇跡をもたらす　神様の覗《のぞ》き穴《あな》』より)

万物を創造した5次元の情報を伝えるメッセンジャー

保江氏は木内氏との対談を行っていて、その内容がヒカルランドから書籍(『あの世飛行士 未来への心躍るデスサーフィン』他)として発行されているので、ご存じの方も多いだろう。

この保江氏の「素領域理論」によって、木内氏の死後体験の信憑性や信頼性はより一層増してくる。

この見えない世界を読み解く新理論は、素人目には、量子力学と宇宙論を専門とする理論物理学者リサ・ランドール博士の「5次元宇宙論（膜宇宙論）」にも近いような印象を受ける。

膜宇宙論によると、私たちは3次元を超えた高次元の中に畳み込まれており、高次元はバスルーム、3次元はその中のシャワーカーテンという仕切られた膜に例えられる。

バスルーム全体が高次元（5次元や6次元）の世界。3次元宇宙はバスルームのシャワーカーテン（膜）のようで、私たち（3次元の存在）はシャワーカーテンに付いた水滴のようなもの。水滴（3次元存在）はシャワーカーテン（膜）の上を移動できるが、シャワーカーテンから離れてバスルーム（高次元）には飛び出せない。

つまり、私たちが移動できるのは3次元の膜宇宙だけだが、私たちの膜宇宙以外にも別の異なる膜がいくつもあり、それぞれの膜が高次元の空間全体の境界になっている。そして、自然界の4つの力のうち、重力だけは他の膜宇宙（異次元）と情報交換を行っていると考えられるのだ。

この説だと、私たちが肉体を持つ限り3次元の膜を超えて5次元に移行することはできず、膜を超えられるとしたら時空の制限を受けない意識体なのかもしれないが、今のところその理論（仮説）はまだ構築されていないようだ。

だとすれば、木内氏が見てきた宇宙の成り立ちを裏付けられるのは、保江氏の「素領域理論」だけなのかもしれない。

いずれにしても、木内氏が見てきた「膨大な意識」の世界は、3次元の時空をはるかに超えた世界であることには違いなく、「膨大な意識」が物質や生命を生み出した未分化の世界、完全調和の高次元であるなら、それこそが万物の根源（ソース）と言える。

だとしたら、木内氏は個の意識を持ったままそのソースにダイレクトにアクセスして、極めて稀少《きしょう》で重要な情報を伝えてくれている「5次元メッセンジャー」と言えるだろう。

Part 3

地球環境問題への取り組みと「太古の水」

「原始生命を生み出した太古の地球の水を見てきました」

彗星《すいせい》が地球に衝突する前に地球上の植物が枯れる!?

2009年に中国で再び臨死体験をした木内氏は、翌年頃から頻繁に講演会や観望会を行うようになり、現在も全国各地で環境問題について自説を説いて回っている。

その主要テーマの一つが光害《こうがい》（ひかりがい・light pollution）問題だ。光害とは、人工の光によってもたらされる公害のことで、不自然に夜空が明るくなって天体観測に障害を及ぼしたり、生態系を混乱させたり、あるいはエネルギーの過剰浪費などのさまざまな自然環境破壊の要因となっている。

木内氏が光害問題に取り組むようになったきっかけは、1994年に催された「第一回　世界将来世代京都フォーラム」（前述）において、ヨーロッパの植物学者から投げかけられたある発言だった。

その国際会議で、木内氏は1人の植物学者から「夜が明る過ぎて植物が休息する時間が少なくなっているため、2011年頃から植物が枯れ始める」という話を聞かされ、彗星の衝突よりも光害のほうがより人類にとって緊急性が高いことを知ったのだ。

このときの会議では、64カ国の代表が集まって将来世代にどのような地球環境を残すのかをテーマにさまざまな議論が行われていた。

その中には核兵器の処分の問題も含まれており、放射能が漏れないような容器に入れて海溝に沈めようという提案がされていた。しかしいくら厳重に容器に封印しても、今の技術では安全の保証は200年が限度。

その後はどうするのかという見通しに対して、「あと200年も経てば科学技術が進歩するから大丈夫だろう」などといった楽観論が支配的だった。そこで木内氏はある提案をした。

将来地球に危機をもたらす恐れのある彗星や小惑星を破壊するために、核兵器を提供してほしいと申し出たのだ。「宇宙にステーションを造り、そこから接近する彗星に向けて核ミサイルを発射して軌道をずらしてはどうか」との木内氏の提案に対して、目的自体が地球そのものを守ることなので、正面きって反対する国はなかった。

現在、すでに16カ国で宇宙ステーションの建設がなされているが、それはこの国際会議での木内氏の提案がきっかけとなっている。

さらにこのときの会議で、木内氏の提案によって後に社会に多大な影響を与えたことがある。まず第一点は、地球に衝突する可能性のある天体を探すために国際的なネットワークをつくってほしいとの提案で、これもすでにアメリカにおいてNEO（Near-Earth Object：地球近傍小天体）探索計画としてスタートし、ネットワーク組織の活動を進めている。

そしてこのネットワークを成立させるために、木内氏がアメリカに要求したのが、通信システムとしてのインターネットの一般開放だった。

そもそも、インターネットは冷戦時にアメリカ軍によって開発された軍事用の通信手段だったので、木内氏の提案に対してアメリカはすぐには首を縦に振らなかった。

だが、そのときの国際会議での熾烈《しれつ》なやりとりを経て、結果的にアメリカが承認。その結果、米軍や日本の自衛隊が使っていた当時最先端だったバッジシステムが開放され、その見返りとして翌1995年にマイクロソフト社のウィンドウズ95のフィーバーが起きて、インターネットの一般への普及が世界中に広がったのである。

しかしこのとき、同じ会議で環境問題もテーマに上がっていて、核ミサイルを使って彗星の軌道を回避しようという木内氏の提案に待ったをかけた人物がいた。それが前述した光害の実態について言及したヨーロッパの植物学者だったのである。

彼は木内氏に向かって次のように言った。「あなたが言っているのは100年も200年も未来のことだろうし、地球はどうせそこまで持たないのだからそんな計画は無駄だ。だからやめたほうがいい」と。

驚いた木内氏は、なぜ地球が100年持たないのかを尋ね、質疑応答を重ねた結果、この植物学者の言ったことは嘘《うそ》ではないことを確信する。

そこで木内氏は、直近の環境問題に目を転じ、「次回は環境問題をテーマに、専門家だけでなく行政も交えた国際会議を開催して、一定の成果を挙げられない企業などにはペナルティを科してはどうか」と提案した。

木内氏によると、光害を生み出している最大の原因は原子力発電であるという。

光害と原発がなくならない理由

原子力発電は核分裂エネルギーを用いるために、状況に合わせて発電量をコントロールできない。つまり原子力発電は一度動かし始めてしまうと、電気があまり使われない真夜中であれ、いつであれ、昼間と同じだけの電気を発電し続けるしかない。

しかも電気は蓄えておくことができないエネルギーなので、絶えずつくり出される電力を昼間に使うことはできない。そこで電力会社によって深夜の電気使用量拡大として考え出されたのが、都市や観光地のライトアップキャンペーンであった。

さまざまな建物や場所に灯《あか》りがつけられ、電飾なども盛んに行われた結果、夜は確実に明るくなり、そして人類は満天の星を失った。

夜のライトアップが植物を死滅に追いやっているにもかかわらず、人々は灯りを消そうとはしない。それはなぜだろうか？

金儲《かねもう》けに繋《つな》がっているからである。

3・11東日本大震災の原発事故によって甚大な被害をもたらし、いまだに放射能の汚染問題を解決する方策すら見出せていないのに、それでもなおも再稼働推進派の勢力が衰えていないのは、相変わらずその背景に巨大利権がうごめいているとしか思えない。

この現実一つを取ってみても、木内氏が指摘するように、原発のリスクには一切目を伏せさせ、原発を維持するために常に電気を過剰に使い続けなければならないという原子力村の論理、すなわち金儲け主義による「原発病」に侵されていることがわかる。

木内氏は、光害問題を通してまさにその点を訴えているのだ。

また、現在世界中で懸念されている海水温の上昇についても、木内氏は「人災である」と警鐘を鳴らしている。

海水温が上昇している一因は、温暖化によるエルニーニョ現象の影響でプランクトンが異常に発生しているためだと考えられている。

太陽が活発になると赤道上の温度が上がり、湿った空気ができて大陸で大雨を降らし、洪水になって土砂が流れる。土砂は腐葉土、動物や植物の死骸《しがい》などを含んでいて、それが海に一斉に流れて行くと栄養となって海中の微生物やプランクトンが異常に発生する。

このプランクトンの死骸が赤潮となって流れ、北極圏のほうを回ってまたアメリカ大陸から赤道に上ってくる。そして今度は夏の太陽の光で暖められてくる。すると赤潮の影響で赤道に向かって流れるフンボルト海流が弱まって海面温度が上昇する。

これがエルニーニョ現象と呼ばれ、この現象が起こると世界各地で気温や降水量の変化が顕著に現れやすくなるとされている。

ところが、最近は気象とは関係なく、毎年のようにプランクトンが異常に発生し、日本の海でも夏季の赤潮発生が常態化している。

木内氏はこの赤潮の原因を辿《たど》っていくと、1979年から中国で始まった農業の近代化政策に行き着くという。

中国で鄧小平《とうしょうへい》さんが実権を握ってから、農業の近代化を推進し始めたんです。先進国で近代農業を学んだ中国の人たちが帰国した翌年あたりから大量の農薬や化学肥料などの影響が出始めました。

それが赤潮を発生させ、東シナ海で海水温の上昇の原因になっている。

だからこれは人災と言える。

このように、木内氏は私たち人類が地球環境を破壊している現状を憂うる一方で、同時に、自身でもオリジナルのアイデアに基づいて危機を回避する方法を具体的に提案し、さまざまな活動を積極的に続けている。

その一つが、太陽光を利用した「炭素化炉システム」だ。木内氏の説明によると、このシステムは環境への負荷はまったくなく、しかも低コストで実現可能だという。

国際特許を取得した木内式「炭素化炉システム」とは?

炭素化炉システムを簡単に説明すると、こういう仕組みです。

まず2000度に耐えられる真空になるガラス製の炉を造り、そこに巨大な虫眼鏡のようなレンズを取り付ける。

そしてそのレンズを利用して、炉の中に太陽光を集中させる。そうするとその炉の中の温度が2000度近くに達する。

その炉の中にさまざまなゴミ、廃棄物を入れると、その振動によって数時間ですべてもとの元素に分解され、残るものは高純度のカーボン（炭素）だけ。

このアイデアを科学技術庁や通産省の研究所、ファインセラミックの研究所に伝えたら皆さん驚いていました。

太陽の光だけで地球上のすべてのゴミをこの巨大な炉で元の元素に戻すことができるシステム。ここから生成される高純度の炭素、水素、ナフサなどの資源を取り出し、再利用することができる。これを特許に出して、２００８年に特許を取得しました。

この炭素化炉システムなら一切、二酸化炭素、ダイオキシンを排出することがなく、核廃棄物なども理論上処理できます。平面ではなく凹面鏡で、昔ながらのローテクで金属を使い真空管方式で造るので安くて壊れにくく、通常の１／４くらいの価格でできます。

しかも効率はソーラーパネルの二乗。メガソーラーのように場所も取らない。ただし太陽光では天候に左右されるので安定性がないのが事実。そこで、必要なのが蓄電池です。

試作品でも10万円もしません。もちろん、大量生産されれば価格はぐっと下がりますが、今でも1年1万円ですから、通常の10分の1以下の電気代ですみます。

原発に匹敵する発電量がまかなえるエネルギー革命装置

太陽の光で地球上のゴミを燃やすというこの「木内式太陽光集光炭素化炉」は、原発に匹敵する発電量がまかなえ、しかも低コストでCO_2を排出しないエネルギー革命装置と言えるだろう。

クリーンエネルギーなので、一切地球を汚すことなく（温暖化対策に貢献）、ゴミや廃棄物を燃やし（ゴミ問題に貢献）、元の元素に戻す。プラスチックを燃やすと石油が取り出せ（資源問題に貢献）、そしてその熱エネルギーを蓄電池に蓄えて配給する（原子力依存からの脱却、エネルギー問題に貢献）という一石四鳥の優れもの。

すでに世界特許も取得しており、小型実験炉で各種実験データを集積しているため、後は大規模炭素化炉を実際に製造するだけで、JAXA（宇宙開発事業団）ロケット設計技術者も協力し、1日も早い実現を目指しているという。

これまでに、サンフランシスコで北米最大のソーラー技術専門見本市開催に出店したり、ドイツで近い装置で実験をして太陽光で原発20基分、2200万kwの発電量実験に成功したり、また日本でも宮古テレビで宮古島での炭素化炉の実験着工が報道されたことがある。

だが、なぜか経産省は許可を出さず、既得権益の壁のせいか関連業界は今のところだんまりを決め込んでいる。このため、木内氏の賛同者らが炭素化炉をマネーゲームの道具しないために公益NGO・NPOとして運営し、その実現に向けて投資家や共同開発事業社、支援者などを募っている。

この他にも、「マコモの活用」など環境保護に関してさまざまな提案を行っている木内氏だが、2010年に、これまでの木内氏による活動や発明品が皇室・宮家によって高く評価される出来事があった。「環境保護活動」「炭素化炉システム」「太古の水の開発」の取り組みが評価され、三大宮賞の一つ『東久邇宮《ひがしくにのみや》文化褒賞』を受賞したのだ。

文化褒賞の趣旨は、「国民一人ひとりの小発明や功績を称《たた》え、それを褒賞として授与し、夢・希望・勇気・元気・やる気・自信・誇りを授けて、受賞者はもちろん国民全般の更なる飛躍を促すこと」。

2度（計3回）の臨死体験を経て、クリーンエネルギーの実用化実験を進めるかたわら、私たち人類がこれからどう生きるべきかをテーマに地道に活動を続けてきた木内氏の取り組みが、社会的貢献をもたらす知財として認められたことは極めて有意義だ。

生命が誕生した太古の地球の水を再現

そこで、受賞の対象の一つとなった「太古の水」について見ておこう。

「太古の水」は、木内氏が臨死時に見た生命が誕生したときの条件にヒントがあったという。

前述のように、大洪水が起きて地球の引力が増し、それによって地球環境が激変して、太古の生命が誕生したときの条件が失われてしまった。
そのため、私たちは現在の環境の中で生きている限りどこかでずっとストレスを抱えたまま生きなければならず、その負荷が不調や病気の原因にもなっている。それを戻すには太古の地球の水を作り出すしかない——木内氏はそう考えた。説明を聞こう。

太古の水は、一言で言うと、活性化した循環機能の高い水です。地球で生命の誕生したときの状況を全部計算して、実験してみたら、ものを腐らせない水ができました。何年経っても腐らない。その機能を固着、安定させたのが太古の水です。

元は神社や大きな磐座《いわくら》から出てくる水と同じですが、そのような水は時間が経つと機能が低下して不活性な状態なり、いつまでも継続できません。時間が経っても活性化したままの状態を維持するには、その水を循環機能の高い状態のまま

固着させる技術が必要です。

水は圧力を加えると活性度が高まりますが、圧力が抜けるとすぐに戻ります。だから、その圧力のある程度加わった状態をそのまま保った状態にすることに成功したわけです。

ようするに、植物や人間だけでなく、いろいろな生命体に対して循環機能を促進させる非常に活性度の高い水が「太古の水」です。

この水を作ったのはもう30年以上も前です。当時は「水で体が健康になる」という噂《うわさ》が広まったことで、紛《まが》いものが出たりバッシングされたりして潰《つぶ》されかけたので、もう世の中に出す気がなくなって家族だけで使おうと思っていました。

ところが、それから何年かしたら、知人のお医者さんから「どうしても木内さんの水を重度の病気の患者さんに使いたいので分けてほしい」と言われ、その患者さんの中でどのような反応が起きるかその過程を詳細に記録してもらうことを条件として原液をお渡ししたところ、数週間後に連絡があり、検査数値が全部が良くなったという報告を受けました。

その患者さんの余命は2週間と宣告されていたそうです。ところが、太古の水を飲みはじめてから2週間後に検査をしてみると悪性のものが良性に変化していたのです。日を追うごとに体調が好転していったということでした。

この結果は病院内に衝撃を与え、噂が口コミで広がり、いろいろな先生方がこの水に興味を持ってくれました。そこで研究をしていたお医者さんたちのグループで実験や検査が行われることになり、また治った患者さんたちが治療を続けてほしい、病を治せるものを開発してほしいということで、みんなでお金を出し合ってくれたことから、原液を大量に作ることができたんです。

そんな経緯があって、今でもお医者さんたちを通じて、難治性の病を抱えた患者さんに飲んでもらっていて、かなりいい成績が上がっているとの報告を受けています。

そもそも、私がそのお医者さんたちのグループに入ったとき、「どういうメカニズムで病気になり、また薬が体内でどういう反応を起こし、細胞がどう変化したことをもって治ったと言えるんですか？」と聞いたら、納得の得られる答えが返ってこなかったので自分で調べたんです。

まず、栄養分が水に溶けると、イオン化してお互いが引き付け合って体内で化学反応起こします。化学反応が起きるときには必ず熱エネルギーと不純物が出ますが、それを水が運び出してくる。

不純物は腎臓《じんぞう》で濾過《ろか》してオシッコとして体の外に出し、熱は体温として放出される。そのうち、体の中に残ったものがエネルギーや栄養素になり、それがなくなると次がまた供給され、その循環がずっとくり返される。この循環をくり返しているのが生物です。

ところが、体液の中に汚れが溜《た》まってくると、エネルギーや栄養になるものが細胞の中まで運び込めなくなる。そして飽和状態に近い状態になると、栄養は細胞まで到達せず、また不純物や毒素も体の外に出にくくなる、それが病気の原因です。

活性度の高い水は体内の不純物を溶かして外に出す

つまり、病気の一番の原因は、細胞の栄養不足と溜まった不純物だと考えられるわけです。

不純物とは体内の汚れで、主に人体に有害な重金属などの金属イオンです。

薬を飲んで症状が改善されるというのは、たまたまその薬が汚れの溜まっている部分を改善させる反応をしただけ。でも薬だと、その化学反応によって同時に不純物も生じて、今度は別の所で滞って細胞に悪影響を及ぼす、これが薬の副作用だと考えられます。

ではどうすればいいかというと、さまざまなものを溶かし込んで、しかも副作用のない水を使って不純物である金属イオンを取り除けばいいわけです。

とはいえ、普通の水をいくら飲んでも溶解度が低いので、金属イオンを取り除く効果はあまり期待できません。ならば、普通の水よりも金属イオンを溶かし込む溶解度の高い活性水を使えばいい。それが「太古の水」を開発した原点の発想です。

僕が臨死体験で見た太古の地球では、生命発生の場となった太古の水は溶解度が高くてごく自然に活性化していました。

そこで、そのときの状態を再現すれば溶解度の高い水を作りだすことができるのではないかと考えたわけです。

溶解度を高めるには、水の温度を上げるか、水に圧力をかけるかですが、温度が下がったり圧力が抜けると溶解度は下がってしまいます。

圧力を抜いても溶解度を高い状態のまま保つ水ができれば……そこで思い出したのが、臨死体験の中で見た太古の地球の水だったのです。

生命を発生させた太古の水は、今よりも溶解度が高かったと考えられるので、当時の空気の密度を計算して、現在の水から海に溶け込んだ分の大気を引き、実験したところ、溶解度が高いだけでなく、腐らない水ができたのです。

最初のうちは、気圧を抜くと元の状態に戻ってしまいましたが、様々な試行錯誤しながら何度も実験をくり返した結果、常温・通常の気圧下でも高い溶解度を保つ水を作ることに成功したのです。

僕にとってこの水を作ることは、臨死体験で見てきたものを証明する作業でもありました。太古の地球環境を計算によって求め、それを再現することになったからです。

僕が臨死体験で見てきた生物進化の歴史からすると、何のために人類が生まれたのかというと、すべての生態系を整えるためです。人類は、地球上の生物で一番最後に誕生した生物で、一番の新参者なんです。

霊長類は、手や道具を使って、生態系全体のバランスの中でいろいろな科学技術を生み出したわけですが、それを生態系を破壊する方向ではなくて、より良い方向へ持っていくことが私たち人類の役割なのではないかと思います。

何をするにしても、まずこの生物の中での私たちの役割から考えることが大事で、僕自身も人類や地球の役に立つものを目指して研究開発を進めていますが、「太古の水」もその一つです。

不思議なことに、この「太古の水」は、ホメオパシーのように原液のままよりも薄めたもののほうが活性度が高まります。

「太古の水」には原始生命を生み出した情報が記憶されている⁉

約35〜40億年前、原始生命を生み出した太古の地球の水。木内氏によると、この「太古の水」は特別な圧力を維持するために物理的操作を加え、活性化した状態を保てるように意図的に作られた水だが、化学物質等を加えているわけではなく、あくまで不純物を取り除いた真水だという。

ところが、「太古の水」は通常の蒸留水とは違ったある種の機能を持っていると考えられ、その違いは水分子の周波数によって示されている。

水に含まれている成分（分子）を分析するＮＭＲ（Nuclear magnetic resonance）という機械で調べると、内容物が少なくエネルギー値の低い順から、蒸留水が61・0ヘルツ、コンビニなどで売られているミネラルウォーターは１２０

ヘルツ、水道水は135ヘルツとなる。

ところが、「太古の水」は不純物を含まない蒸留水なので60～70ヘルツのはずが、実際にNMRで原液を調べたら96・4ヘルツもあり、調査した人もその理由がわからず、首をかしげていたという。

有機物や無機物は含まれていない蒸留水なのに、エネルギー値が高いということは、ホメオパシーのレメディのように何らかの「情報」が記憶されている可能性がある。ホメオパシーとは、分子レベル以下の情報を記憶しているとされる元物質の希釈水を含んだ砂糖玉を用いる自然療法だ。

実際に「太古の水」を飲用している人たちの間で、さまざまな不調や症状が改善している事実（後述）からも、体内の水分や免疫力を活性化する働きがあることは確かで、もしかすると、これは水が持つ「第四の水の相」の働きと関係しているのかもしれない。

「第四の水の相」とは、ワシントン大学生物工学科教授のジェラルド・ポラック博士によって提唱されている新たな水の特性で、それは第一の相である液体と第二の相である固体の中間にある相を意味している（第三の相は気体）。

ポラック博士によると、この第四の水の相は、液体の水に光や熱エネルギーが照射されることで形成され、エネルギーの変換装置としての働きを持ち、この六角形の蜂《はち》の巣状に構造化された水が情報を記憶している可能性があるという（『別冊I.H.M.WORLD「第四の水の相」特集号』参照）。

つまり、光や熱エネルギーを浴びせることで水が構造化し、情報を記憶するということだ。

さらに、IHM総合研究所所長の根本泰行氏によると、「第四の水の相」に光を当てると多くのマイナスの電荷を溜め込んで充電池のような機能を持つことから、体内における第四の水の相では、「充電されたエネルギーが毛細血管の中の血液を流す力、すなわち運動エネルギーへと変換されている可能性がある」としている。

「太古の水」は、太陽のエネルギーが照射された圧の高い蒸留水。ということは、「第四の水の相」としての働きを保持している可能性が高く、その情報こそ生命を生み出した原始地球の記憶であり、その活性化した情報水が全身を巡って血流を促すがゆえに細胞の汚れや環境全体の浄化を促すのではないだろうか。

「太古の水」は、原液を1000倍に薄めて（水1リットルに対して原液1ミリリットル）飲用する。愛飲者からは次のような効果が報告されている。

・疲れやすかったのが、疲れなくなった。
・尿の量が増えて、むくみが減った。
・便通が良くなって、体がスッキリした。
・体臭や口臭がなくなった。
・痒《かゆ》みがある部分に直接かけたら痒みが治まった。
・お茶やご飯の味がおいしくなった。
・肌に張りが出てきて、若返った。
・デトックス効果が高く、体調が良くなった。
・体だけでなく、気持ちも前向きになった。
・持病が改善した。

Part 4

死後体験で見てきた「5次元世界」とは?

「自分自身が無になって、気配と同化してしまっているとき、第六感が覚醒《かくせい》するようです」

透明人間のようになって自分の体を見ていた

ここからは、これまでの内容を踏まえたうえで、あらためて木内氏へのインタビュー内容を一問一答形式でお届けしよう。

――「死後体験」に入った瞬間は、どんな感覚だったんですか？

まず体の痛みがなくなっていました。それまでは腰にすごい痛みがあったのに、それが一切なくなっていた。上半身だけは動かせるような感覚で、現実に見えている風景も同じように見えていて体の感覚もある。それでベッドの端に足を出して体を起こそうとしてふり返ったとき、ベッドの上に自分の体があることに初めて気がついたんです。

心臓が止まったのもはっきりわかりました。そのときおふくろがベッドに寝ていた僕の顔をのぞき込んだんですが、僕の顔はおふくろの視線とは別の位置にあ

った。これが意識体と肉体の差ではないかと思います。

その間脳波もずっと停止した状態で、その肉体にはもう意識は存在していません。でも、意識体ではあたかも肉体が存在しているようにふるまうわけです。まずベッドの脇に立って、亡くなっている自分の体を第三者のようにじっと見てから、傍で呆然《ぼうぜん》と立っている親父《おやじ》の体に瞬間的に入ったんですが、1人の体を2人で所有している感じがして、「これはマズい」と思ってすぐに出ました。

それから、「あれっ、おふくろがいない。どこに行ったのかな⁉」と思った瞬間に、病室から遠く離れた電話ボックスの中にいました。そのときおふくろは焦っていて、姉の自宅の電話番号をかけ間違っていたので、僕が正しい番号を伝えようとするんだけど、それが伝わらない。

それでまた「病室はどうなっているかな」と思ったら、その瞬間病室に戻っていて、お医者さんたちが一所懸命に蘇生《そせい》処置をしているのが見えました。自分の体がどうなっているかと思って見ようとしても、大勢の人に囲まれているので見えないわけです。

こうなると夢物語でもないし、三途《さんず》の川を渡るといった一時的な臨死とは明らかに違うわけですね。自分が透明人間のような感じになって、それからずっと気になっていた過去に行ってみたんです。

――小さい頃、川の土手でお姉さんがケガをしそうになったとき、誰もいない所から「危ない」という声が聞えて、その声は誰だったのかを確かめに行かれたんですよね。

そうです。そのときに戻ってみたら、今まさに姉が石に足を乗せそうになっていた。その瞬間、意識体の僕が姉に向かってつい「危ない！」って言ったんです。すると、小さい頃の自分がこっちを見た。それで「あぁ、あのとき『危ない』って言ったのは自分だったんだ」ということがわかり、まるで自分が自分を救ったような不思議な感覚でした。

それから、過去や未来に行っては現実に戻り、現実に戻ってからまたどっかに行ってくるということをくり返したんです。自分の体が蘇生しているかどうか気になるので、必ず意識の世界をのぞきに行ってはまた現実に戻ってくるという形で。

――そのときに行った未来の一つが、高野山で講演をしている姿だったわけですね。

そうです。現実の時間では数十秒後に病室に戻ってきて、肉体がどうなっているかを確認しながらいろいろな未来を見に行く。病室に戻ることを意識していれば、宇宙や地球の始まりまで見てこられることがわかったわけです。そこでわかったのは、それぞれの時代によって入っている肉体は違うけれど、意識体は同じで継続していたということです。

過去に僕が「スガさん」と呼ばれていた時代があったんですが、そのときに未来において地球の生態系が崩れていくのを見ました。このまま行けば生物が住めなくなる……。過去の僕はそれを承知していたのかといえば、承知していた。

そんな未来を予測していたのがよもや自分だったとは思わなかったんですが、これは現在の日本人である木内鶴彦に限らず、何度も別の肉体を持ってその時代ごとに同じことを伝えてきたようです。時には砂漠の緑地化をやったりしながら

……。ようするに、ボディは時代によって違うけれど、言っている内容ややって
いることは同じということです。
そうなると、意識体は時間や空間を超えた5次元の世界にあることになるわけ
です。それが回転運動によってできた3次元の肉体に入っていて、そこでの体験
の積み重ねが何年何月何日に何々が起きたという歴史になっていくわけですが、
未来に関してはいろいろな選択肢があります。
最悪か最良かのどっちかだけじゃなくて、いろいろな幅がある。それは今現在
からどういう方向に進むかで大きく違ってくるわけです。例えば、地球の生態系
の存続が危ぶまれているから火星に移住すればいいという考え方がありますが、
それは違う。
地球そのものが宇宙船のような小さな星なので、まず第一にこの地球をどうし
ていくかが今の私たちに問われているんです。地球上の一番の新参者として、こ
の星の生態系のバランスを維持するようにはかるのが人類の役目ですから。

あまりにも情報量が多いために思い出すのに時間がかかる

――22歳のときの臨死体験と55歳のときの体験ではどのような違いがありましたか？

正直、最初は何が何だかよくわからないって感じでしたね。現象としては確かにあったんですが、あまりにも情報量が多過ぎてそれを思い出すのに時間がかかりました。

蘇生後にたまたま何かのきっかけで思い出すような感じですが、それも3次元の未来において思い出すようなシステムを組んでおいたんだと思います。見てきたものとこの世の時間軸がクロスするときにウワッと記憶として蘇《よみがえ》ってくる形で……。

高知の神社に「つる」といたずら書きしてきたように、「アレッ!? これは俺が作ったよな」というものがいっぱい出てくるわけです。ですから、たぶんオーパーツなようなものも同じような意図で作られたものじゃないかと思いますね。

中国での臨死体験ではもっとよく見ておこうと思ったんですが、蘇生処置のおかげですぐに戻ってきたので、今のところはっきり覚えているのは月がどうしてできたのかということや、証拠を残すために北斗七星の絵をいろいろな所に書いてきたことで、それをこれから探し当てるのが楽しみの一つです。

それと、病院の人たちが中国語で話をしているのに、僕には彼らの言葉が日本語と同じように理解できたのも驚きでした。意識体だけになると時間を超えて過去や未来に行けるだけでなく、さまざまな能力が開花する可能性があるんだなと思いました。

――人類がかつて高度な文明を築いていた光景も見て来られたんですよね？

人類が誕生したのはおそらく800万年ほど前で、そのときの地球というのは今の地球の形とはまったく違っていました。さらに時代を遡《さかのぼ》って32億年ほど前に地球上に生命が誕生した頃は、今よりもずっと引力が弱くて大気の気圧は高かった。

その頃はまだ月がなかったからです。今の地球の海水は太陽に近づいた彗星《すいせい》によってもたらされ、そのときの大洪水ために地球環境が激変した。つまり、まだ月ができていなかった頃の地球は、今の海岸線よりも2000m深い所が海抜0m地帯だったわけで、現在の地球環境とはまったく違っていたわけです。

重力が現在よりも弱かった。その証拠に、巨大な恐竜が今の重力下で時速60キロで駆け回れるはずはないわけです。当然、その頃の人類は体の作りも今とは違っていて、身長がとても高くて寿命も長かった。体内時計の概日《がいじつ》リズムは25時間で、女性の生理も1年に1回だった。臨死体験で見たことを後で調べていくことでそんなことがわかってきたんですね。

実際にいろいろなデータを調べて計算してみたら自分が見てきたことと符合する。例えば、なぜヒトの概日リズムが24時間でなくて25時間なのかというと、月ができる前は地球の自転速度が25時間だったからです。それが月ができたことによって地球の自転、つまり1日が24時間になった。そこで私たちの体のリズムとのズレが生じ、体に負荷がかかるようになったわけです。

女性の月経周期もそれまでは年1回だったのが重力の変化で体に変調をきたし、その不安が子孫を残そうとする本能に働きかけて月のリズムに同期して28日に1回になった。人間だけでなく、サンゴも満月の頃に産卵し、ネコのサカリも満月や新月の時。地震や火山の爆発にしてもすべてが月の影響を受けるようになったわけです。

死後、意識体で体験したのは5次元だった!

――人類は過去何度か滅亡しかかったという話もありますが?

最初は、月ができたときに地球にもたらされた大洪水ですね。それがノアの方舟《はこぶね》伝説のように代々語り継がれてきたわけですが、それまで人類は一貫してずっと高度な文明を築いてきていました。

僕が見てきた限りでは、大洪水が起きる前は、人間は他の動植物たちともテレパシーで交信していました。でも大洪水が起きてから食べ物を奪い合うようになって、他の人間や動物に心を読まれないようにするためにテレパシー能力を失ったようです。

それと大洪水が起きた後は、それぞれの人種によって山岳地帯と平坦《へいたん》な場所に分かれて住むようになったと考えられます。それは水圧によって陸地が一気に海のほうに押し出されて今のプレートになったためで、この点については現在の大陸の先端の形を調べればわかります。プレートがいつ頃できたのかを逆算していけば、どのくらい前にどんなことが起きたのかもわかるはずなので。

――そのような裏付けが可能な話は、普通の臨死体験者からは出てこないですね。

それは臨死体験のほとんどが第一次体験で、時間を超えた5次元までは行っていないからでしょう。一般的な臨死体験で見てくるのは、ほとんどが体外離脱や過去の宗教で言われてきたようなレベルの世界で、それはある種のショック状態で起きる脳内の一時的な現象だと思います。

ところが、最近になって僕と同じような第二次体験をした科学者や医師たちが増えてきて、彼らが自分が行ったのは5次元だと言い出して、その世界を物理的に解き明かそうとしてすでに国際学会も開かれています。

僕は都合がつかなくてその学会には参加できなかったんですが、これからは物理科学的な観点から5次元と意識の研究が進んでいくと思います。そうなるとあの世の原理や摂理が見えてきて、地球上の生物の本来の役割についても理解しやすくなるでしょう。

例えば、海のナマコはどのような存在かというと、ただの筒状の生物ではなくて、ヒトの腸のようにある生き物のどこかの役割を果たしていることなどもわかってくるはずです。

ようするに、単独で個体として存在している単細胞生物が寄り集まって多様で複雑なシステムを持つ生物が生まれ、それらがまた結合しあいながら別の新たな個体となって進化してきているということです。

私たちの内臓もそのような小さな細胞が結合しあってできていて、脳も電気と化学的なやりとりで演算をする複雑なシステムですが、それらはすべて電気エネルギーで動いている。細胞が生まれ変わるのが1カ月くらいなので、ちゃんと電気が流れていれば細胞が再生され、健康を維持できるわけですが、すべてそこには意識が介在しているわけです。

ということは、原理的には自分の思いやイメージで体の悪いところを改善することもできるわけです。普通の人は病気になったらすぐに医者に頼ろうとしますが、それはそのほうが楽だからそうしているだけのこと。でもそれは意識の原理からすると、本来の機能を放棄していることになるんです。

人間は苦労を楽しむために生きている

――世界的に臨死体験者が増えている理由に関して、人類の意識進化が促されているからだという説もありますが？

意識そのものは変わらないので、あえて言えば脳の進化でしょうね。時間や空間を超えた意識の世界が徐々に理解できるような脳に変化していくんじゃないでしょうか。いろいろな経験を積みながら、3次元の背後にある5次元という一つの意識体の働きを理解できる脳に……。

3次元の存在も回転運動によってすべて5次元に変換できるし、5次元と3次元の間に生じている歪《ひず》みは熱エネルギーとして交換されていて、最終的には5次元に吸収されていく。ようするに、すべての物質・生命は空間の歪みによって生じた渦から発生した。そしてこの世に生きている限りエネルギーの流れがあって、だから必ずプラス・マイナスがあるわけです。

物質を構成している原子にしても、結局のところは水素がいくつ集まっているかでいろいろな元素ができているわけだし、電磁波にしてもそれぞれの振動数、周波数の違いによっていろいろな性質を帯びている。

では生き物はというと、電気が生じないといろいろな生命現象は起きてこない。その大本の発生源はというと、銀河の渦ができたときに飛ばされた水素ガスの集まりで天文学ではカイパーベルトと呼ばれていますが、それが太陽に近づいたり遠ざかったりするとわずかな電位差が発生するんです。

そして、太陽の光には紫外線以外にもいろいろな放射線が含まれていて、カイパーベルトのガスと結合することによっていろいろな分子ができてくる……。そんなことを生死の狭間《はざま》を彷徨《さまよ》いながら見聞きしてきて、それをどう説明したらいいかいろいろと考えているところです。

――5次元空間の歪みから宇宙や生命が発生していくプロセスを見てこられたわけですね。

そうです。正確に言うとビッグバンはなかった。何もない空間全体が歪んで小さな水素の渦が発生し、それが集まって臨界点を超えたときにあちこちで爆発が起きたわけで、もしかしたらそれをホーキング博士がビッグバンと間違えたんじゃないかと思います。

それから宇宙ができて、生命が発生し、進化を遂げる中で今の人類が生まれたわけですが、なぜそのような変化が起きてきたかというと、膨大な意識からすると、「暇つぶし」のような感じですね。

例えば、3次元の人間が、1次元低い2次元のコンピュータを使って自分でゲームソフトを作って遊んでいるようなものです。ただ画面を見ているだけじゃっまらないので、ゲームの遊び方は何万通りもあって、それを楽しむように。ようするに、空間自体にはまったく変化がないので歪みという変化を起こしたわけです。

ということは、私たちはあえて変化の中に入って、苦労を楽しむために肉体を持って生きている――それが臨死体験を通してわかったことです。

だから、人は苦労をして乗り越えたことを自慢したいんですね。それを何度も何度もくり返しながら、もう無理なんじゃないかと思えるような苦労をしたときほど乗り越えたときの達成感が大きく、それだけ人生が楽しくなるわけです。病気やいろいろな障害も、苦労を乗り越えるためにあらかじめボディの中に設定しているってことです。

火星に移住するよりも地球環境を直すのが人類の責任

――そのプログラムを設定しているのは5次元の膨大な意識体ということです

か？

そう、それが「我」ということです。亡くなって肉体を離れれば元の一つの意識体になってしまいますが、僕の場合は時間をちょっとずらして、個の意識を持ったまま5次元体験をしてまた3次元に戻った。またそこで個という渦ができちゃったわけです。そういう時間をずらすクセがついちゃったから（笑）。でも、素直な人は亡くなったら一つの意識体に吸収されて一体化していくと思います。

僕は今も肉体があるので、5次元で見聞きしてきた体験をいったん脳細胞が理解してから、それを人に伝えないといけないから歯がゆさがありますね。でも5次元はすごく楽しい世界です。自由に過去や未来に行けて、今のボディではないけれど、リアルにその現場を見ながら、それを皆さんの前で実況中継をしているような感じです。

――臨死時に見てこられた「スガ」さんというのは、日本神話に出てくる「素戔《すさ》嗚尊《のおのみこと》（スサノオ）」のことですよね!?

スサノオの時代は今から3500年くらい前で、これまで言われていた荒ぶる神様ではなく、歴史的にかなり改ざんされているようです。

ちなみに、2015年に千葉県の佐倉市で行われた「スサノヲの到来」展というイベントに誘われた行ってみたら、スサノオは普段僕が言っているような村づくりと同じ理念を持っていたと専門家たちが証言していました。

今、僕はそれを地球的規模でやったらどうかと思っているわけです。まず地球を何とかしなくちゃいけないわけで、火星移住計画にしても問題が多過ぎる。まず半年もかけて火星に行かなければならないし、火星に着いてからも引力などの問題があって体の骨が細くなったり環境に適応しづらい。それを克服するのには地球環境と同じにすればいいというわけですが、それなら地球環境そのものを直したほうが早いでしょう。

――かつての日本では自然と共生していた時代があった。だから、その村づくりの提案を新たに日本から発信していこうということですね。

そうです。1万年以上前には東北地方にアラハバキという古い土着の神がいたり、1500年くらい前には阿弖流為《あてるい》と呼ばれた蝦夷《えぞ》の族長がいたりして、縄文的な定住的狩猟採集生活を中心とした村づくりがうまくいっていたわけです。それが、結局征夷大将軍《せいいたいしょうぐん》の坂上田村麻呂《さかのうえのたむらまろ》の手に落ちてしまったわけですが……。

その頃より少し前の西暦５３５年頃に、どうも地球に大きな隕石《いんせき》が落ちたようなんです。たぶん彗星《すいせい》だと思いますが、落下した場所はちょうどその当時スサさんたちが都にしていた所。それは今の生駒《いこま》と奈良《なら》の間の交野《かたの》市辺りで、その付近にはそれを示すかのように「星田《ほしだ》妙見宮《みょうけんぐう》」や「磐船《いわふね》神社」などが建っています。

調べてみたらこの辺りはクレーターだったようで、落下した彗星が砕けて隕鉄《いんてつ》が残ったようです。その証拠にその辺りでは鉄は取れない地域なのに、鍛冶《かじ》屋さんがたくさんあった。

このことを知ったのは、１９９４年10月に行われたけいはんな学研都市（正式名称：関西文化学術研究都市）のオープニングセレモニーの基調講演に呼ばれたときです。教育長さんの案内で隣の枚方《ひらかた》市にある「交野天神社」に行ったとき、近くに大きな石が点在している「天の川」という川もあったりしたので、もしかしたらここはすべての星が交わる場所、北極点じゃないかなと思って、星図とその周囲地図を見比べてみたらピタッと重なったんです。
北極点である交野天神社を中心にすると、北側に冬の星座、南側に夏の星座がくるはずで、冬の星座で一番明るいのはシリウスで、白いオオカミと呼ばれています。その位置に当たるのはどこかと地図上で調べてみたら、京都の下鴨《しもがも》神社でした。それで下鴨神社に行ってみたら、何とオオカミを祀《まつ》っていた社《やしろ》があったんです。
さらに北の貴船《きふね》神社は、カノープスという不老長寿の星の位置に当たっていたので、「やっぱり！」と思っていろいろと調べてみたら、奈良県明日香《あすか》村のキトラ古墳の壁画と同じようなものが半径16㎞（直径32㎞）の範囲で地上に描かれていたのがわかったんですね。

イエス・キリストは四国の剣山《つるぎさん》から昇天した⁉

――そのような古代史の謎解きなどもやっていらっしゃるわけですね。四国の剣山にも行かれたとか？

僕が臨死体験で見たとき、昔の人たちは山にある磐座《いわくら》に光を反射させて通信手段にしていたので、もしかしたらと思って剣山に確かめに行ったんです。現地のガイドさんに聞いたら、「そんな石はない」とのことだったんですが、遠くのほうの山に鏡岩と呼ばれている巨石があるらしいことがわかった。

その岩の表面はザラザラしていて、「光を反射するような岩じゃないですよ」と言われたんですが、実際にそこまで行ってみたら、岩の表面が浸食されずに鏡のように映る状態でした。剣山は一つの山ではなく、調べてみるとそれぞれの山の山頂に巨大な石があって、周辺にある神社にも研磨されたような岩がありました。それで、やっぱり昔の人たちは光が反射する岩を通信手段にしていたんだなって納得できました。

それと、剣山にはほぼ11年周期で太陽の光の柱、光柱が立つことがあって、それを肉眼で見ると天から青白い光が山に突き刺さっている剣のように見えるんです。特に44年周期のときには強烈な光の柱が立つので、だから剣山と言ったんじゃないかと思いますが、その自然現象が「失われたアーク伝説」に変わっていったんじゃないでしょうか。

大昔の人にとっては、その光の柱に乗って天に召されるのが聖者としての証《あかし》だったようです。つまり、光柱が立つ場所にやって来て死ぬことが聖者としての証になるわけで、実際に終戦後に行われた調査では山頂の洞穴の中に100体以上のミイラがあったそうです。その中にはモーゼや後にイエス・キリストと呼ばれることになったイサヤもいたかもしれないし、それが後にいろいろな伝説になったんだと思います。

——イエスが日本に来ていたのも、臨死体験で見て来られたんですよね。

これを言うと信仰している人たちから反発されるかもしれませんが（苦笑）。僕が見たのは、イサヤは砂漠で緑地化の大切さを訴えながら歩き続け、まず中国を経て台湾に渡り、そこから与那国島《よなぐにじま》に渡って石垣島から宮古島へ渡った。実際に宮古島にもイサヤ（イエス）が来たという伝承があるんですが、その後、海流に乗って島原半島に上陸したようです。

実は彼には双子の弟がいて、弟はヒゲを生やしていた。ようするに、十字架にかけられたのはイサヤの双子の兄弟だったわけです。弟は兄イサヤの言っていることに傾倒していたので、イサヤが死んでしまったと思った彼は服毒自殺をしてしまった。それで周りの人々は弟の遺体とイサヤの体をこっそり入れ替えたんです。

石棺を開けたらイサヤの体の傷が消えていたので、それを見た人たちは奇跡だと思ったわけですが、実はそれは弟だった。入れ替えたことを知っている人たちもそこで言うわけにいかない。僕はそのときの様子を見ていて「そうだったのか！」とワクワクしました。

そしてイサヤは島原までやって来た。そこで温泉に入ったらしく、調べたら小浜というところに温泉が湧《わ》いていて、歴史を調べてみると、当地の人たちはキリスト教が入ってくる前、今から2040年くらい前にイサヤに関する話をすでに聞いていた。それがあったから、後の時代になって長崎の人たちがキリスト教を受け入れられたんだと思います。

イサヤを連想させる「諫早《いさはや》」という地名があったり、四国の剣山のすぐ近くに「栗枝渡《くりしど》（くりすど）神社」があるのもその証拠で、イサヤは長崎から四国に渡り、剣山に登った。最後は聖者としての証を示したくて、光柱が立つ場所から天に昇るために……。

実は、空海もこれと同じようなことをやっていたみたいです。亡くなった人を土の上に寝かせて、上から土をかける。そうすると1カ月ほどで土壌菌によって遺体が分解されてすべて土に還《かえ》る。それを耕すことが肉体の最大の供養であり、そこで魂は「山から昇天する」というようなことを言っています。

空海は山を眺めては、あそこには水脈が流れている、あそこには鉱脈があるなどと言い当てていましたが、それはスサさん時代からずっと続いてきた技です。ようするに、昔はみんな自然と共に循環型の暮らしをしていたわけで、だから、持続可能な生き方をしたければ山を守り森を守ることが大事なんですね。

栗枝渡神社（写真提供：『淡路ユダヤの「シオンの山」が七度目《地球大立て替え》のメイン舞台になる！』魚谷佳代・著より）

アーク伝説のある剣山

織田信長《おだのぶなが》は明智光秀《あけちみつひで》と共にバチカンを目指した⁉

――歴史上の人物に関しては、織田信長の死にまつわる謎も解明されたとか？

何年か前に信長のドラマがあって、そのときに彼の死にまつわるいろいろな謎というか説があって、どれが本当なんだろうねという話になったんですね。そのときは臨死ではなくて、その時代に意識を向けてもの思いにふけったわけです。

意識の中で信長の体を借りて、時間を彼が亡くなったとされている日の数日後に設定してみたら、彼はまだ生きていた（笑）。その場所は福井県の小浜《おばま》海岸で、僕も何回か行ったことがあったのですぐにわかりました。

「なぜこんな所にいるんだろう？」と思って見ていたら、明智光秀を待っていたんです。そこからクリスチャンの光秀と一緒に船でバチカンまで行ったようです。何しに行ったかというと、日本の天下は秀吉に取らせておいて、自分は世界の天下を取る、というしたたかな野心があったからです。結局、その野望は叶《かな》いませんでしたが……。

信長は3カ月ほど前に旅立った息子たちの使節団と台湾で合流してから、インドに行ってそこでしばらく滞在し、イタリアに向かった。その途中、自分の名前の字を少しずらしてローマ字で書き残していたので、後から調べてみたら「ジョルダノ・ブルーノ」という名前であることがわかりました。それと同じ名前の実在の人物がいて、調べたらイタリア出身の修道士となっていましたが、僕が見てきた信長のその後の人生とほぼ一致していました。

そんなふうに、ボディの中に入ったまま意識だけで過去や未来が見えることがたまにありますが、これをやるとけっこう疲れるんです（笑）。

「東久邇宮《ひがしくにのみや》文化褒賞」を受賞した3つの取り組み

――あの世で見てきた話をいろいろな所で伝えると同時に、原発の問題に言及したり、環境保護活動にも力を入れていらっしゃいますが、そもそも環境問題への取り組みはどのようなきっかけで始められたんですか？

きっかけは1994年の国際会議です。たまたまホテルで同じ部屋になったのが原発の専門家で京大の先生だったんですが、その先生から、「もう原発は自分の手には負えない。木内君はまだ若いから何とか阻止する方法を考えてほしい」と頼まれ、いろいろな話をしたわけです。結局、原発は巨大なビジネスの市場になっていて、その当時から川の汚染などもひどかったんです。

94年の会議で、次回は環境問題をテーマにした国際会議を開催してはどうかと提案したんですね。その翌年の1995年に開催されたのがCOP1（Conference of the Parties の略。第1回気候変動枠組条約締約国会議）で、それが今も回を重ねて続いているわけで、地球温暖化対策はそのときの会議が出発点になったんです。

温暖化は明らかに人災です。太陽が地球に近づいているわけではないし、太陽活動が活発になっているのならまだ話はわかりますが、それもない。温暖化の原因は車の排気ガスやメタンガスなどの温室効果ガス、海水の汚染、森林破壊などの複合的なもので、特に海水の汚染は深刻です。

海底に溜まった汚染物質の熱変換によって海水温が上昇し、そうすると異常気象になって北極と南極の海氷が消滅して温暖化が加速する。実際に地球の平均気温は16度だったのが1度以上も高くなっているわけです。

プランクトンの異常発生、赤潮なども海水温の上昇の原因で、調べてみたら、中国で鄧小平《とうしょうへい》さんが農業の近代化を始めた頃から急激に赤潮が増えている。草原地帯をどんどん開墾して巨大な畑をつくったことで、緑のダムといわれる貯水機能が失われて水が枯れ、その代わりに人工的なダムを造ったりしているんですが、それはかつての日本と同じで、生態系の循環を無視したやり方です。

一方でアメリカなどもすごい汚染物質を出している。赤潮だけじゃなくて、いろいろな有害物質が海に流れ込んできて海の底に溜まり、ますます海水温が上がりやすくなっている。それが世界的な異常気象の原因になっているわけです。

日本は比較的温暖化対策に取り組んでいるほうですが、他の国々はどうしても利害が絡んでうまく行っていないのが現状ですね。

——木内さんの環境保護に関する取り組みが評価されて、『東久邇宮文化褒賞』の受賞に繋《つな》がったわけですね。それに加えて「炭素化炉システム」と「太古の水の開発」も一緒に。

「炭素化炉システム」に関しては国際特許を取ってます。

プラズマを使う方法では大量の電気を消費しますが、僕が考えた炭素化炉は、電気を使わなくても完全炭素化ができるシステムです。エネルギー源は太陽光なので理論的には無尽蔵に供給できて、もしかしたら放射能を分解する可能性もあります。

人工的な放射能は、放射線になって外に飛び出してしまうと人体に有害なので、まだ中で分子が振動している放射能のうちに適切に処理をすればよくて、ようは電子をバラバラにできればいいんです。炭素化炉ならそれもできるんじゃないかと思って特許を取ったんですが、結果的になぜか邪魔が入る（苦笑）。太陽光でゴミ処理や発電、充電ができて、しかも放射能が分解できるとなると非常にマズイ人たちがいるってことでしょうね。

一時期は国の予算もついていたんですが、途中で大幅に削られてその代わり膨大な予算がソーラーパネルの開発に費やされるようになったわけですが、ソーラーパネルを造るのにものすごく電気エネルギーを使ってCO_2を出すし、コストも高い。

耐用年数も実際には10〜15年くらいしか持たず、処理するのにも自然には返らないので破棄するときにもまた電気エネルギーを使ってCO_2を大量に出すわけですね。

ところが、こちらがそれに替わる実用的な自然エネルギーの発電システムをいくら提案しても、行政サイドはなぜかいつも曖昧《あいまい》な対応しかしてくれない……。やっぱり既得権益が壁になっているんじゃないかと思いますね。

不純物である金属イオンを取り込む「太古の水」

――「太古の水」の開発も受賞対象に入っているということは、宮家でも「太古の水」を飲まれていたということでしょうか？

そうじゃないかと思いますね。でないと評価できないから。「太古の水」は僕がまだ20代の頃、今から30年以上前に作ったものです。昔から、ルルドの泉や神社のご神水などが体にいいことは知られていて、そんな体に良い水を作ってほしいと言われてやってみたのがそもそものきっかけです。

水はとても不安定な物質なので、それを何とか安定した状態に保つ方法はないかと1年半ほど実験を続けてやっと成功したんですが、その頃は僕も体調が悪かったので家族で飲んだり、知り合いのお医者さんたちのグループの中で患者さんに使ってもらったりしていました。

その後、いろいろあっていったん外に出すのをやめていたんですが、知り合いのお医者さんからどうしても欲しいと言われ、データを取ってくれるならとの条件でお渡ししたんです。そうすると複数のお医者さんたちから、メカニズムはよくはわからないけど重度の不調の患者さんたちがだいぶ良くなっていると報告を受けました。

それはたぶん、体に溜まった汚れ、細胞の中の不純物である金属イオンを取り込んで、それが細胞膜の浸透圧の働きによって取り除かれることによって病気が改善しているんじゃないかと考えられます。ただし、強い副作用のある薬を服用していると難しいのですが……。

——「太古の水」を作られるときの意識も大事なんでしょうね。

もちろんです。今の科学ではこういうものは作れないし、学者も「あり得ない」と言っている。でも実際に、分子の振動数を測ればまるでお湯のように活性度が非常に高いわけです。だから、体を酸化させる金属イオンを取り込んで体の外に排出できる。ところが、今の科学では普通の「水」なので特許は取れない（苦笑）。

「太古の水」の機能については、僕がホノルル大学に招待されたときにも発表したんですが、そのときに体内の不純物を除去するキャベツの仲間の野菜に含まれている活性水を研究されているハワイ大学のテリー・新谷先生がとても興味を持ってくれて、研究に使いたいと言ってくれました。

日本でも、福島県で「太古の水」と珪藻土《けいそうど》、炭を混ぜて発酵させた堆肥《たいひ》を畑に撒《ま》いて、放射能を分解する働きがあるかどうかの研究をしてくれている所があります。撒いた所と撒かなかった所では明らかな有意差があって、撒いた所の土から穫れた野菜からは「放射能は検出されず」との結果が出ています。

自然界にも放射能はあるはずなのに、「検出されず」というのは本来あり得ない話です。大々的にやると潰されるので、細々とやるしかないのですが、この自然堆肥を土壌改良材として使えば、最も安心安全な作物が育つはずです。

他にも、安全な化粧品やエステ関連商品を製造・販売されている会社などでも「太古の水」を使ってもらって、とても喜ばれています。

自然と一体化するとき、5次元の扉が開かれる！

――臨死体験で見てこられたように、医療面でも将来的には細胞の振動を調整するような波動医学になっていく可能性があるのでしょうか。

体に不純物が溜まってくると、細胞が機能しなくなってきて肥大化してきます。そうすると体積が増えるので、波長も変わってくるわけです。そこで、その波長の乱れを音叉《おんさ》を使って同調、共鳴させてあげれば本来の健康状態の周波数に戻せるということで、これが波動医学です。

薬を飲むのも、化学反応によって細胞を活性化させるという点では同じなんですが、薬が体液と混じって他の細胞にダメージを与える可能性が高いということで、それが副作用として表れるわけです。

波動療法にもいろいろなやり方があると思いますが、例えば、昔から子どもが具合が悪いときなんかにお母さんがやってあげていた「手かざし」なんかもそうで、よく考えてみればこれは細胞波なので、細胞に対していいんじゃないかと思いますね。

プラシーボ（偽薬）効果にしても、なぜそれが効くのかというと、そもそも私たちの思いの中に5次元の意識の働きがあるからなんです。

――5次元を想定することで、これまでの科学では解けなかった問題も解けてくるわけですね。

例えば、アインシュタインの相対性理論の「光の速度は絶対不変で、光速を超えられない」とされていますが、果たして本当でしょうか？

宇宙が膨張しているというインフレーション理論がありますが、それは現在も宇宙は広がっているということです。そこでもし光速が一定であれば、広がっている縁の状態までは確認できないはずなのに、実際にそれが観測できているということは、まさに光の速度が一定ではないことを示しているわけですね。

それは、宇宙空間はどこも均一でまったく動きがないわけではなく、空間にムラがあるからです。僕はそれを学会で指摘したことがあったんですが、「それはわかる。でもそれは言っちゃだめだ」と言われた。なぜなら論文が通らないから（苦笑）。

でも、僕は生死を彷徨《さまよ》ったときにそういったことも体験し、意識体の目で確認してきたので理解できるし、だからこそ、3次元的な発想を超えた新しい科学や宇宙研究の必要性を感じて、自分なりに取り組んでいるわけです。

――あらためて確認させていただきますが、5次元の意識の世界を見てこられたことと一般的な体外離脱とは違うとのお話でしたが、リモートビューイング遠隔《えんかく》透視《とうし》などで見るヴィジョンもあくまで3次元の枠内でしかない、ということですよね⁉

そうですね。3次元の脳のどこかにある情報で、それを映像化しているんじゃないかと思います。5次元の意識と繋がる場合でも、脳の機能はみんな同じというわけじゃなくて、遺伝子によって違いや変化があって、修行をすればできるというものではありません。

――肉体を持ったままで5次元の意識を開くにはどうしたらいいのでしょうか？

あえて言うなら、頭を空っぽにすることですね。ただし、座禅や瞑想《めいそう》などは脳の範疇《はんちゅう》に留まっているので、それとは違います。脳の中で意識を無にしようとするのが座禅ですが、それだと意識が脳から離れていない。本当の無は意識が肉体を離れてしまう状態です。

ただボーッとしている状態で、ある意味、脳の機能、回線をストップしている

ときです。

自然の中で何かに没頭しているとき、何も考えていない状態になることがあると思いますが、そんな感じで、例えば釣りをしているときなどは意識体のスイッチが入りやすいと思います。そのような状態のときというのは、周囲の状態と一体化していて、その場の気配と一緒になっているからです。

僕の場合で言うと、天体観測をしているときに、寒気の塊の「空気玉」が見えることがあります。寒気は塊になって飛んできますが、空気なので見えません。でも、自分が無の状態になっていると空気玉がやって来るのがはっきり見えるんです。

そこだけ空間の屈折率が変わって、塊のような歪みが空中を次々と移動していくのがわかる。それが空気玉で、新しい星を発見するのはだいたいそんなときです。ようするに、自分自身が無になって、気配と同化してしまったときに第六感が覚醒《かくせい》するんじゃないかと……。

後、例えば釣りをしているときに、猫が僕が手に持っている釣り竿《つざお》のエサを目がけて近くにやって来たんですが、なぜか僕の存在に気づいていない。そこで僕がハッとして動いたら、そこで初めて人間の存在に気づいて飛び上がったんですが、たぶん僕がその場に溶け込んでいたからわからなかったんでしょうね。そんなふうに、透明人間のように完全に自然に溶け込んでいる状態が、意識の世界に開かれている状態なんだと思います。

そもそも、地球上に大洪水が起きる前まではみんなそんな感じで生きていて、意識を介したテレパシックなコミュニケーションが取れていた。たぶんそれはお互いのミトコンドリアを通じて情報を伝達し合えたんだと思いますが、それが大洪水が起きて、食料を奪い合うようになって第六感を閉じて自我が生まれ、世代を重ねる度にそこから脱出できなくなってしまった。だから、ここでもう1度、第六感を開く必要があるんじゃないでしょうか。

Part 5

「意識の力」と新しい村づくり

「意識体から発せられた祈りや思いで細胞の再生を促すことができるのです」

宇宙万物の製造元である5次元の「意識の力」

——あらためて意識に関して伺います。5次元の「膨大な意識」と個人の意識とはどのような関係にあるんでしょうか？

5次元の意識というのは万物の創造元、製造元です。その空間の歪《ひず》みから回転運動としての渦が発生し、それが水素となって結合し合いながらすべての元素ができ、あらゆる物質や生命ができ、そしてその生物進化の最後に私たち人類が誕生したわけです。

ようするに、この宇宙も5次元の意識体が変化したもので、最近話題になっている重力波にしても、その本体・本性は何かと言うと、意識体なんです。

そこで、個人の意識というのは、例えて言うと5次元という巨大なスーパーコンピュータによってプログラミングされた情報のようなもので、それが3次元の肉体の脳に入っているわけです。

5次元の意識体である空間の歪みによってたくさんの宇宙や3次元の塊ができた。だからこそ、そこに個があると認識できるわけなので、人間の意識も個々にインプットされている5次元情報とも言えるかもしれませんね。

輪廻転生《りんねてんしょう》でよく勘違いされているのは、一つの魂が同じ肉体を持って生まれ変わるわけじゃなくて、個としての意識体である魂がその都度違うボディに入っているってことです。そしてボディが死を迎えると、その魂はたいがい5次元という一つの意識体に吸収されていきます。

僕の場合は、たまたま自己の意識を持ったままであっちの世界をウロチョロできたわけですが、普通は焦ったり、何が何だかわからないまま吸収されていくと思います。空気のように宇宙空間に溶けていく感じですね。

なぜ僕が5次元の意識体に吸収されなかったかというと、死の狭間《はざま》で個としての情報を再設定したからです。中国での臨死体験で断末魔の状態に陥ったとき、一瞬もうあっちの世界に行っちゃってもいいかなと思えた狭間があったんですが、でもそのときに「もう1度おふくろが握ってくれたおにぎりを食べたい」と強く思ったんです。

　そう思ったら、頭の中だけでなく、全身の細胞もみんなその気になったみたいで、後で執刀医に聞いた話では、それまでなかなか縫合手術ができなかった僕のボロボロの血管が急にスッーと通って縫えるようになったというんです。

　通訳を介して、お医者さんから「どうしてそうなったのか？」と聞かれたんですが、思い当たるのはそれしかない。「おふくろのおにぎりを食べたい」と強く思ったことで、細胞の再生力が高まったとしか思えないわけです。ようするに、自分の記憶に残っているものを強く思い出すことで細胞が再活性化し、蘇生《そせい》できたということです。

　そんな経験をくり返してきたことで、5次元の意識体がすべての物質・生命の製造元であることを認識して、その働きで自分の肉体を修復しようと思えばそれができることも実感できました。ただ一所懸命に拝めば何でも叶《かな》うということではありませんが、細胞も意識体が渦運動によって変化したものだから、原理的には意識によって元に戻せるということです。

肉体を持っていても「すべてが自分」という感覚になることも

――肉体を持ったまま個としての意識が5次元に行くこともあるんですか？

そうですね。例えば誰かが僕の写真を撮ったときに、僕の体は普通に写っているのに背景だけが光の渦を巻いていたりすることはよくありますね。それと、ある場所に行って自分がその空間に入り込んで思い出したりしていると、そこだけが異空間になるとか……。

その場合、脳で何かを考えているのではなくて、すごく覚醒《かくせい》した状態になっていて、あえて言えば「すべてが自分」という感覚です。個の意識が全体の空間の中にスーッと入っていって、また個の意識に戻ってくる感じ。

ただ、これまでの臨死体験の場合は、5次元の意識の世界で見てきたことと3次元の歴史上の出来事や物理法則などが食い違っていることがけっこうあって、そのすべてを人に理解してもらうのは難しいので、どうしても隔たりは感じています。

でも、死んだら「天に召される」と言われるように、死後、魂は5次元に吸収されていくということなどは昔からわかっていたんじゃないでしょうか。

――木内さんのような体験をされた人は世界的に見ても極めて少ないわけですが、普通の人でも5次元を感じることはできるわけですか？

少なくとも渦ができてからの世界については理解できるし、それを生み出した5次元空間のことは直接的には理解はできなくても、想像はできるでしょう!?

じゃあ、その世界を想像できるということはどういうことなのか？

それはそもそも第六感と呼ばれる能力や想像力が備わっているからで、今の人類はそれを自分で封じてしまっている。もっと極端な言い方をすれば、唯物主義に洗脳されているんです。

例えば、祈りが実際に効果をもたらすのはなぜなのか？　窮地に陥ったときに強く祈ったら願いが叶ったり、奇跡的に救われたという事例が世界各地でたくさん報告されていますが、そうしたことは決して偶然ではなくて、意識の力のなせる業です。

もともとそのような機能が誰の中にも備わっている。だから、意識体から発せられた祈りや思いで細胞の再生を設定すると自然治癒が起きる、それが奇跡と呼ばれる現象だと思います。ようするに、自分の中に奇跡を起こせる意識の力があるのだから、病気になったらすべて医者任せにするというのは責任を放棄することになるわけです。

――唯物的な考え方や何でも脳の機能の範囲内で捉えようとしている現代人は、意識の働きを制限しているとも言えるわけですね。

そうです。例えば、昔の日本人は相手が何を言わんとしているかを察知したり、目を見るだけで悟ることができた。これは言葉ではなく、お互いに意識を介してコミュニケーションをしているからで、あえて言葉にしなくても「目を見ればわかるだろ」という世界ですね。

それが、今は唯物主義が当たり前のようになって、人間そのものが機械的になり、意識の働きを封じてしまっている。でも昔の人は、意識を介してどんなものとも対話をしていたので、唯物的な思い込みを外してその気になれば誰でもできるわけです。

いくらＡＩが進歩しても人間の脳や時間を超えられない

――量子物理学の観点から、意識の働きについて言及する科学者も出てきていますが、意識は量子と関連しているんでしょうか？

もちろん、そういう側面はあると思います。ただ、実際に５次元という領域に触れた経験がないと３次元の脳内の範疇《はんちゅう》で想像するしかないので、どうしても限界はありますよね。いくらＡＩ（人工知能）が進んでも時間を超えられないのと同じで、所詮《しょせん》は３次元上での話。でも５次元は時間を超えている世界ですから。

今の科学技術はどれもそうですが、結局のところ自分たちが望むようなものしか作れない。もし新しい宇宙や生命を創《つく》ろうと思ったら、さっき言ったようにまず空間の歪みをつくらないといけないわけです。空間の歪みから渦ができ、そこから回転運動の変化に応じて自然にいろいろなものが発生してくる——これが自然界の形であり、原理ですから。

でもそれは今の科学ではできない話です。3次元の物質からできている脳の範疇にとどまっている限り、無理。だから当然、自然界の現象を捉える場合にも限界があって、例えば彗星《すいせい》の軌道を計算する場合でも、若い天文学者なんかは自分の計算式が絶対に正しいと思い込んで、予測通りの軌道を描いていないと「彗星の動きがおかしい」なんてことを言い出すわけです。

でもそれは、その人の計算式が間違っているからなんで、それを補正しないと本当に正しい予測はできない。ところが、それでも自分たちが正しいと思い込んでいる。最先端を行っているような科学者や天文学者がそのレベルです。

なぜそうなってしまっているかというと、哲学がないからです。宇宙創成の原理や摂理がわかっていないから、ただ机上の論理だけで、計算上つじつまが合っていればいいと思っている。だからどんなにＡＩが進歩しても人間の脳の範疇を超えられないし、このまま行くと人類の役割も果たせないまま、科学自体も衰退していくでしょう。

――5次元の意識の話をされているのは、そんな現在の閉塞《へいそく》状況に風穴を開けようとされているわけですね⁉

比較的年配の科学者とは話が合いますが、若い科学者は頭が固い人が多いので難しいですね。僕の話を聞いても「そんな話は聞いたことがない」「習ってない」と反発し、結局、こちらが異端者になってしまう（笑）。でもこのまま行くと、人間がコンピュータやＡＩに支配されていくことになる。そうなると、「本当にそれが最先端なんですか？」って言いたくなりますよね。

医療にしても、「この病気はこの薬」と機械的に一律に処方されますが、本当は一人ひとり個人差があるし、生活環境もみんな違うわけです。昔のような家族のかかりつけ医、ホームドクターならそのことをわかった上で適切な処置ができたでしょうが、残念ながら今はコンピュータに診《み》てもらっているようなものです。

もちろん、「太古の水」を扱ってくれているドクターたちは、そんな現代医学のあり方に限界を感じているからこそ、積極的にいろいろな患者さんに使ってみて、データを取ってくれているわけですが……。

いずれにしても、3次元の枠内で考えている限り問題を解決する糸口は見えてこないし、5次元という発想がないと本当の答えは出てこないと思います。

生態系を守り環境を整えていくのが人類の責任

――頭の固い科学者の言うことをそのまま鵜呑《うの》みにしている人も多い一方で、「いざとなったら宇宙人が助けに来てくれるから大丈夫」という依存的な捉え方をする人もいますが⁉

それはないでしょう。自分たちで何とかできない星を助けに来る存在はいないと思いますね。それは単なる願望で、そもそも「自分たちの星を壊したのは誰か？」ってことです。まず自分たちで地球の生態系を取り戻すことが先決で、宇宙人に頼ろうという考えもＡＩに依存するのと同じで、意識の原理からしたら責任の放棄です。

そもそも、地球上に最初にできた生命は海洋植物の藻です。その藻を生かすためにできたのがアメーバのような動物性の単細胞生物で、それが少しずつ違う形のものがたくさんできていって、合成されてナマコのような動物ができた。それがまた形を変えて人間の大腸になってきた。ようするに、長い歴史の中でつくられてきた生き物の情報が蓄積していって、最終的に今の人類が誕生したわけです。

だから、地球の新参者である私たちには、生態系を守り、環境を整えていく責任、役割がある。人間以外の動物たちは、本能によってそれぞれの役割を果たしているわけですが、人間は生態系全体のバランスを考えながら循環型の村づくりをしていくことが大事で、それが宇宙船地球号の乗組員の義務でもあります。なのに、火星に移住をすればいいというのは責任放棄だし、宇宙人が助けに来てくれるなんてナンセンスな話です。

――まして、人間は苦労を楽しむために5次元から生まれてきたから、ということもあるわけですね。

あるとき、老人ホームで「今まで一番思い出に残っていることは何ですか?」

と聞いたことがあったんですが、そこでおじいちゃんやおばあちゃんからどんな答えが返ってきたかというと、若い頃や戦争中の苦労話ばかりでした。

どれも「私はこんなに苦労をしてきた」「こうやって生き延びてきた」といった話です。中には「あなたはまだいいよ。わしなんかは……」と言って苦労したことを自慢げに話す男性もいて、「じゃあ、楽しかったことは何ですか？」と聞いたら、みんな考え込んですぐに返答が返ってこない。

そこで、「あぁ、やっぱり人間はいろいろな壁を乗り越えてきたことを自慢したい生き物なんだな」って思いました。これは、空間が歪みをつくって変化を起こし、その中でいろいろな壁や問題を乗り越えることが人間にとっての楽しみや喜びになるようになっているからです。

ただそうは言っても、今という時代にあえて戦争という歪みをつくる必要はないと僕は思います。それよりも、生態系のアンバランスをどう乗り越えていくか、人間がつくりだした地球環境の歪みをどうしたら正常な状態に戻せるか、といった本来の柔らかい歪みの中で多くの人が楽しく生きていけるような世界にしていくことが大事で、それが宇宙船地球号の乗組員にとってベストな方法なんじゃないかと思います。

赤ちゃんや無邪気な子どもは5次元意識と一体化している

——そのためにも、誰もが膨大な5次元意識と繋《つな》がっていることに気づくことが大事だということですね。

私たちの本質が肉体ではなく、意識だということに気がつけばいいんです。自我ではなくて意識が本体。そうすれば私たちの中で覚醒してくるものがあるはずです。実際、赤ちゃんや小さな子どもがそうですよね。彼らは自我や変な刷り込みがないので、植物や動物たちとも話ができる。

それと、私たちのおじいちゃんやおばあちゃんなんかの世代でも、畑仕事をしているときなんかに野菜に向かってブツブツ声をかけながら作業をしていて、あまり頭は使っていない。もしかすると、それが意識に対して100%開かれている状態なのかもしれません。

肉体に関して言うと、私たちが心だと思っているのは実は細胞の中のミトコンドリアの意識で、これは3次元の意識と5次元の意識からなっている。肉体は意識が借りているものなので、5次元の意識を入れることで細胞が正常化するわけです。

いずれにしても、これまで現代人は意識の世界に対して閉じることを学んだわけです。それは言い換えると唯物的な発想です。しかしその結果、意識は時間を超えられるものなのに、唯物的な発想しかできないために時間に縛られ、目に見えるモノしか信じられなくなっている……。

でもそれはコンピュータと大して変わらない。ようは人間が機械と同じになっちゃっている、という情けない話です。だから、環境破壊でも戦争でも、平気で他の生き物や自分たちの仲間まで殺すようなことをやってしまうことになるんです。

――そのような極端に唯物論に偏った現象を反転させるためにいろいろな活動を

されているわけですね。

まずは食べ物から変えていく必要があると思っています。本来栄養素というのは化学物質で作るのではなくて、土壌菌や生態系の循環によって地力が高まることで得られるので、農薬や化学肥料を使わない循環型の農業の形で作っていく。都会なら水耕栽培でもいいかもしれません。

いずれにしても、そのために森を守ることの意味についても知ってもらう必要があります。皇居の中では、今でもミニチュア版ながらそのような循環型の取り組みがなされていますが、そもそも江戸時代までは日本全体でやっていたわけですから。

それと、「何のために働いているのか？」を考えてみることがとても大事で、お金のためだけに生きているとすると、結局いろいろなものを犠牲にして自分の人生も家族もおかしくなってくる。

多くの人がお金のためにいつも時間に追われ、太陽と共に生活をしていない。太陽と共に暮らし、生きていないということは、結局、自分の殻に閉じこもっちゃっているわけです。常に人と競い合って、ただただ忙しくしていることで優越感を持ってしまっている。だから結果的に体を悪くしたり、精神的にまいってしまうわけです。ようするに、お金やモノに振り回されて、自然のリズムやサイクルとかけ離れた生活の中で悪循環に陥っている。

でも少なくとも僕らが小さい頃までは、太陽と共に生きていたはずです。朝日が昇る頃に起きて、夕日が沈む頃に寝床について、また鶏の声で目が覚める。そんな暮らしが当たり前で、農家の人なんかは昼ご飯の後は昼寝をしていました。そして午後は、また少し働いてからお茶の時間……。そんなサイクルで過ごしてきた世代の人たちは、歳《とし》を取ってからも元気で、長生きなんですよね。何とも言えない、いい笑顔をしているわけです。

それが今は時間に追われ、ストレスだらけになって笑顔をなくし、結局追い詰められてうつになったり自殺をするしかなくなる。でもそこで、「もうこんな生活はやめた！」って自分が思えれば、そこで人生は変えられるんです。

自分のボディにしても5次元から借りているようなものです。それを最後の最後まで生かし切れるように、いろいろな問題があっても何とかそれを乗り越えながら生き続けていれば、必ずどこかで楽しさを感じられるときが来るはずです。

このボディも必ず3次元の中での働きがあって、その働きを見出すのはそれを借りているその人の意識です。それができるようになれば、自分の体がものすごく愛《いと》おしくなって、損得とはまったく関係なく世の中に貢献できるようになるでしょう。

相手が、人が喜んでくれることがただ嬉《うれ》しい。人生の楽しさはそこにあるわけです。それがあるから、もっと喜んでもらおう、そのためにももっと改善し、高みを目指そうと努力し続けられる。そうなれば、地球環境そのものを考え直そうという気持ちも芽生えてくると思います。

そして最後は、借りていた着物を脱いできちんと畳んでお返しするように、肉体から抜けていく。それが苦労を楽しむために生まれてきた人間の本当の幸せなんじゃないかと思いますね。そして次の時代でもまた苦労を楽しみたいと思ったら、死ぬ間際に個の意識という形で歪みをつくっておけば、死んでからもまた新しい別のボディに入れるわけです。

僕も135年後に地球にぶつかるかもしれない彗星を見るために歪みをつくっておいて、4代くらい先の誰かのボディに入れれば、またその頃に話題になるんじゃないかと思っているんです。そしてその新しいボディで続きの研究をやる。どうせいつかは必ず死ぬんだから、そういう楽しみ方をしようと（笑）。

各々が得意なものを持ち寄る新しい村づくり

――自然と共に生きていくための循環型の新しい村づくりも提案されていますが、それについてお聞かせください。

まず自分自身を大切にしながら、人それぞれの能力を活かす形で自然と対峙《たいじ》していくことで調和的な暮らし方ができるんじゃないかと思って、そんな新しい村づくりを考えています。

気の合う人たちが同じ場所に住んで、自分たちで生活できる量の食べ物を作れれば、お金の心配をしなくてすむし、余った分を他の人たちに販売すれば自分たちも周りも助かる。

医食同源で、安心して食べられる薬になるものをみんなで作り、都会ではハウス栽培をする。医療も薬草や波動医療を用いて自分たちで治していって、最後は土に還《かえ》る。

同じ建物の中で職住一体化をはかり、電力も自然エネルギーでまかない、そこには損得勘定や儲《もう》け主義はない。

そんな今までの社会構造にはなかったような村づくりをするには、どんな形がいいかを具体的に提案していて、一部自治体や企業などでも関心を持ってくれている所もあります。例えば、昔独立国になったこともある「隠岐《おき》」のような島なら実現しやすいかもしれません。

いずれにしても、そこで大事なのは「自分は何ができるだろう？」と、自分の好きなことや得意なことを見つけることです。誰でも必ず得意なことがあるはずなので、それを見つけて、お互いにそれを持ち寄って共同体をつくれば、結果的にそれが世の中全体に貢献することにもなる。もちろん、ただ話を聞くだけじゃなくて、自分ができることからまず始めていくことが大事です。

カリスマ的なリーダーにぶら下がるのではなくて、米や野菜作り、大工や設備の仕事、健康管理や新しい技術など、その人が持っている得意なものを持ち寄る。そんな一品持ち寄りの村づくりができれば、見返りを求めたり、必要以上にモノやエネルギーを消費することもないでしょう。

住民はそれぞれ自分が得意なことに励んで、知恵を使って苦労を楽しみながら、お互いにそれを自慢し合えば平和が保たれて、自然への感謝も深まる。そうすると、他の生き物を絶滅に追いやったり、地球の生態系を壊すようなこともしなくなるはずです。

その点、日本は八百万《やおよろず》の神の国なので、抵抗なく受け入れられるんじゃないかと思って、いろいろな所でこの一品持ち寄りの村づくりの話をしています。日本が発信源になって、例えば中東の砂漠地帯で緑の村づくりができれば、テロや戦争もなくなっていくんじゃないでしょうか。

世界ではいまだに人種問題が争いの原因になっていますが、そもそも地球にとって必要だからいろいろな人種があるんですね。どの人種が優れているとか偉いというのではなくて、地球という一つの星の中でどの人種も必要があって生まれ、それぞれに役割があるわけです。

だから、自分たちの宗教や考え方を一方的に他に押しつけてはダメで、文化の違いを尊重しながら、でも「地球人としては一緒だよね」と繋がり合い、支え合うような関係をつくっていく。まずは、それぞれ自分にできることから始めましょうということです。

——かつてのスサさんの時代にも、人々はそのような調和的な暮らし方をしていたんですね。

そうです。その頃にやろうとしたのは、狩猟民族と農耕民族の融合です。でも狩猟民族は移動をするので、なかなか定住はしなかった。そこで食料がなくなると人を襲うこともあったようで、その人たちは後に武将や殿様になったりしていましたが、そんな光景も見てきました。

それと、昔は中東地方で砂漠地帯を緑地化して生活圏をつくろうとしていた人たちもいたんですが、それがいつの間にか実践するよりも言葉で論ずる方向に行ってしまった。今のキブツのような村で、当時は木を植えてみんなで小さな共同体をつくっていたのが、頑なな信仰や教義にとらわれた人たちが議論ばかりするようになってしまって、全体的な緑地化が進まなくなった……。それではダメだということに気づいたのが、イサヤ（イエス）だったわけです。

だから、今の時代は狩猟民族系のリーダーも、搾取や戦争ではなく、そのような大地に根ざした緑の村づくりをすることが大事で、本当に国民のための国づくりをするようになったら国民からは慕われるし、他の国からの支援や協力も得られるはずです。

もちろん、そうは言っても、実際にはまだ人を脅してモノや食料を奪うことから卒業できていない人たちもいるので、もしそんな人たちが地方の村にやって来たら、敵対するのではなくて、おにぎりでもたくさん食べさせてあげて、「もしよかったら一緒にやろうよ」と声をかけてあげればいいいんじゃないでしょうか。

マダガスカルでの学校づくりと「NGOグリーンガイヤ」の活動

——海外でも活動をされていて、マダガスカルで学校づくりも行われたとか？

これは、親のいない子どもたちのために学校をつくったんです。皆既日食の観測でマダガスカルに行ったとき、現地の子どもに日本語を教えている人にガイドをしてもらったんですが、道の上で子どもが寝転んでいたので「どうしてなの？」と彼に聞いたら、「もう死んでいる。そんな子どもたちがたくさんいる」ということでした。

なぜ彼が子どもたちに日本語を教えているかというと、他の国の人たちは現地の子どもたちをサファイアなどを発掘させるために奴隷のように扱うけれど、日本人はとても優しくて、信用できるからだということでした。

それじゃあ日本語学校をつくって、日本人と一緒に仕事をしてもらったらどうかという話になって、3年後にまたマダガスカルに行って、田んぼと畑を借りて、子どもたちみんなで学校の校舎を造ったんです。田んぼでは日本のコシヒカリを作ってますが、将来的に太陽光の炭素化炉ができればそれも持って行ってお手伝いできればと思っています。

——循環型農業を柱とした一品持ち寄りの村づくり。その提案に賛同しているお仲間も増えているんですか？

そうですね。僕が20代後半から活動を始めた当初はほとんど相手にされなかったですが、「地球交響曲（ガイアシンフォニー）」の龍村仁《たつむらじん》監督が取り上げてくれたり、国際会議に出たり、各地で講演会に呼ばれるようになってからは賛同してくれる人が徐々に増えてきました。

今のところは、新潟や岡山でそれぞれ自発的に研究会や勉強会をやられていて、僕が代表となっているのは「NGOグリーンガイヤ」という東京のグループです。これはもともと、僕の本を読んだり講演を聴いた人たちが集まってきて、その中に今も理事長をやってくれている大久保さんという人がいて、「新たな社会構造をつくるための会をやりましょう」という話になって、有志が集まってスタートしたわけです。

基本的には、それぞれの地域で独自に研究なり取り組みをしながら、お金のいらない社会を目指して行こうというスタンスで、みんなで定期的に集まって東京で勉強会を開いています。

（以上ここまでが木内氏の発言）

循環型の持続可能な社会に向けて

というわけで、この章の最後に、木内氏が代表を務めるＮＧＯグリーンガイヤについて、理事長の大久保直政氏に会の概要についてご紹介いただくことにします。

ＮＧＯグリーンガイヤ理事長・ＮＧＯ仙台テンメイ代表　大久保直政

――私は仙台市で20年ほど仙台天命塾を主宰していますが、木内鶴彦さんとのご縁は16年ほど前に天命塾の講師でお招きしてお話を伺って以来です。木内さんの死亡体験で見て来た未来の地球、現状の問題点、その改善への取り組みのお話は衝撃的でした。

木内さんの考え方に共鳴する中でより深く学び、共にできることから活動して行きたいと思い、それから毎年、仙台に年数回お越しいただいて講演などしていただき、仲間と価値観を共有しながら活動しています。

やがて木内さんが太陽光を活用したゴミ処理、発電に対する特許申請をした２００３年頃から、木内さんの考えに賛同する全国各地の横の連携を取る動きが、ＮＧＯ宇宙船地球号、夢アスカの古川禮子さんを中心に始まりました。

数年の準備期間を経て、２００７年4月8日にＮＧＯグリーンガイヤの設立総会が開催できました。設立の準備会は会を重ね、活発な意見が出て、皆さんの熱意が未来を切り開いていく、そんな期待を抱いた楽しい集《つど》いの場でした。

総会に参加した発足会員は各地で活動をしている24NGOでした。私もNGO仙台テンメイで活動を開始しており、設立時の理事長の大任を仰せつかることになり、木内代表のサポート役、取り纏《まと》めをしました。

会の目的は、「〝人〟という種が自然環境のバランスおよび生命体を存続させる役割を担っているという視点から、地球生態系が維持される環境共生型の産業構造と経済システム研究・実験をすること」です。

この目的に賛同して、私が代表をする仙台テンメイでは農場を確保して会員への野菜の提供、可能な自給自足への取り組み、里づくりを目指して10年以上継続できており、今なお盛んに仲間と楽しく活動できています。

木内さんの国際特許が2008年に取得できた後から会員は増えて60を越える大勢になりました。しかし活動状況はどちらかというと代表に依存する傾向は否めず、やがて木内さんの体の具合や諸状況に影響されて、具体的に実践行動ができていない会員の退潮が顕著になっていきました。それはそれで必要な経過であり、必然だったと思います。

現在、社会は大激変の様相で、産業構造、金融経済、政治システムの変革の時をついに迎え、いよいよ機が熟してきています。この10年の経験を踏まえて、循環型の持続可能な社会へのランドスケープ、グランドデザインを構築して、希望ある未来を子孫に残していけるように木内さん共々、楽しく各自の役割、本領発揮して、自分で自分を自分して行きたいものです。

Part 6

「5次元意識」が自分と地球を変える

「人類は大洪水以前の意識中心の生き方に戻ればいいのです」

未来の選択肢の中からどれを選ぶかは自分次第

この最終章では、5次元メッセンジャーである木内氏が見てきた世界と目撃証言の中から、主なエッセンスを拾い上げることによって、私たちが向かうべき道への手がかりを探ってみたい。

まずは、まとめの意味で木内ワールドのエッセンスを列記してみよう。

◎三途《さんず》の川や光などを見る臨死の第一次体験は、脳機能が急速に低下したときに現れる一種の幻覚作用であり、心肺停止と脳機能が完全に停止してから移行するのが本当の死後の世界（第二次体験）で、その次元においては意識体だけで現在・過去・未来を自由に行き来できる。

◎肉体から抜け出て意識体（霊体《れいたい》）だけになっても、自己意識や視覚、聴覚、嗅覚《きゅうかく》、触覚、味覚などの五感がはっきりある。

◎意識体になると、時間や空間の制約を一切受けなくなり、思うだけで別の場所や過去、未来にも行ける。
◎意識体になると、知らない言葉の内容が理解ができたり、さまざまな潜在能力が開花する可能性がある。
◎3次元における未来の選択肢はいくつもあり、未来がどんな世界になるかは自分の選択によって決まる。
◎あの世、すなわち膨大な意識とは、3次元＋時間（回転運動）を含む4次元を超えた5次元世界であり、一つの根源的な意識体である。
◎膨大な意識（5次元）は完全不動なので、動きを起こすために空間に歪《ひず》みを生じさせ、その空間の歪みが解消されるときのエネルギーの流れが物質や生命を発生させた。
◎5次元の意識は万物の製造元。個人の意識は5次元の巨大なスーパーコンピュータによってプログラミングされた情報で、それが脳に組み込まれている。
◎人間も歪みによって生じた変化の中に入って、苦労を楽しむために生きている。

そして、亡くなって肉体を離れたら、元の一つの意識体（5次元）に吸収されていく。

◎もともと太陽系には月はなかった。月の母体は巨大彗星《すいせい》の塊で、それが太陽の熱で溶かされた結果、地球の衛星となったのが月。月が誕生する前、地球の海抜は今よりも2000m低く、生物の概日《がいじつ》リズム（体内時計）も25時間だった。

◎月が誕生する前、地球では高度な文明が築かれていたが、大洪水で地球環境が激変し、人類に自我が生まれ、第六感を失っていった。

◎彗星が地球に衝突する前に地球上の植物が枯れるかもしれず、その一因となっているのが光害《こうがい》。その背景にあるのは、利権構造と金儲《かねもう》け主義によって成り立っている原発であり、それゆえ、電力を過剰に使い続けなければいけない現状のシステムになってしまっている。

◎「太陽光集光炭素化炉」は、原発に匹敵する発電量がまかなえ、一切地球を汚すことなくゴミや廃棄物を燃やして元の元素に戻せ、しかも石油が取り出せて、熱エネルギーを電力として蓄えて安価で配給できる。

◎「太古の水」は、金属イオンを溶かし込む溶解度の高い活性水で、医師による臨床データの他、さまざまなデトックス効果が報告されている。

◎地球環境が悪くなったからといって火星に移住するよりも、今の地球環境を整え、生態系を守るのが人間の責任であり、役割。

◎今の科学のままでは脳の範疇《はんちゅう》を超えられず、5次元という発想がなければ本当の答えは出てこない。

◎将来的には、体の波長の乱れを音叉《おんさ》を使って同調、共鳴させる波動療法が行われる。

◎意識体から発せられた思いや祈りによって細胞の再生を設定すると、自然治癒が起きる。

◎相対性理論の「光の速度は絶対不変」は真実ではない。

◎現代人は、唯物論の洗脳によって機械と同じになり、意識の働きを封じてしまっている。

◎自分自身が無になって、周囲の気配と同化したときに第六感が覚醒《かくせい》する。

◎自分の本質が肉体や自我ではなく、意識だということに気づくことが重要。
◎まずは食べ物から変えていく必要があり、化学物質によらない安全な循環型の農業を始めよう。
◎同じ建物の中で自分たちで生活できる量の食物を作り、余った分を他の人たちに販売し、お金のいらない社会システムを目指そう。
◎それぞれが持っている得意なものを持ち寄る「一品持ち寄りの村づくり」。それができれば地球の生態系を壊すこともなく、テロや戦争もなくなるだろう。

死後体験は人類の意識覚醒を促すモーニング・コール

次に、意識の働きに関しては、次のような推測が可能になる。

①個の意識体が脳や肉体の枠を超えて5次元に開放されると、個人の量子情報が非局在化し、「大いなる我」と一体化して「すべてが自分」となる。

② 内なる5次元意識が開放されると、テレパシーなどの潜在能力が開花し、個や種の差を超えてあらゆるレベルのコミュニケーションが可能になる。

③ 臨死・死後体験は、人類の意識の覚醒を促す5次元からのモーニング・コールなのではないか。

①は意識の拡大、②はテレパシック・コミュニケーションと言い換えられ、木内氏のように、肉体を持った状態でそれらが普通に行える人がある一定の数を超えたときに、③人類の意識の覚醒、すなわち精神的進化が起きると考えられなくもない。

そこで、臨死体験とは別に、意識の拡大が起きる例を参考までに一つだけ挙げておこう。

通常の意識状態とはまったく異なる意識体験をした人物は、脳科学者としてハーバード大学の第一線で活躍していたジル・ボルト・テイラー博士だ。

彼女は37歳のときに脳卒中に襲われ、左脳の機能を失った。歩くことも読むことも書くこともできず、過去の記憶も喪失、身体機能と思考能力が完全に回復するまで8年を要したという壮絶な体験をしている。

その後、奇跡の回復を遂げたテイラー博士は、脳卒中によって左脳の機能が失われつつあったときに起きた不思議な現象について、著書『奇跡の脳』（新潮社）の中で詳しく述べている。

言語・デジタル脳といわれる左脳の機能が失われたとき、一体何が起きたのか？

テイラー博士は、すべてのストレスから解放され、平穏な幸福感に満たされたと言う（以下、『YouTube動画　ジル・ボルト・テイラーのパワフルな洞察の発作（TED）』『奇跡の脳』より要約）。

私はバランスを崩し、壁にもたれました。そして腕を見ると、もはや自分の体の境界が分からなくなっていることに気付きました。自分がどこから始まりどこで終わるのか、その境界が分かりませんでした。腕の原子分子が、

壁の原子分子と混じり合って一緒になっているのです。唯一感じ取れるのは、エネルギーだけでした。

そして、自分に問いかけました。〝私はどうしちゃったの？〟〝何が起きているの？〟

その瞬間—左脳のささやきが完全に途絶えました。まるで誰かがテレビのリモコンを取り、ミュートボタンを押したかのように全くの静寂になりました。最初、頭の中の静寂にショックを受けていましたが、それからすぐに周囲の大きなエネルギーに魅了されました。

もはや体の境界が分からない私は、自分が大きく広がるように感じました。全てのエネルギーと一体となり、それは素晴らしいものでした。

わたしの目はもはや、物を互いに離れた物としては認識できませんでした。それどころか、あらゆるエネルギーが一緒に混ざり合っているように見えたのです。（中略）わたしの意識は覚醒していました。そして、流れのなかにいるのを感じています。目に見える世界の全てが、混ざり合っていました。そしてエネルギーを放つ全ての粒々と共に、わたしたちの全てが群れをなしてひとつになり、流れています。もののあいだの境界線はわかりません。なぜなら、あらゆるものが同じようなエネルギーを放射していたから。

(中略)

わたしたちはそれぞれ、全く同じ全体の一部であり、わたしたちの内にある生命エネルギーは宇宙の力を含んでいる。(中略)わたしは自我の中枢と、自分自身をあなたとは違う存在として見る左脳の意識を失いましたが、右脳の意識と、からだをつくり上げている細胞の意識は保っていたのです。

自他の境界がなくなって宇宙と一体化する感覚

左脳の機能が停止したときに、テイラー博士は自他の境界がなくなって、すべての存在、エネルギーと一体化したのだ。

もちろん、だからと言って、5次元の意識を開くには「左脳を一切使わないようにすればいい」というわけではない。

テイラー博士の場合、右脳や細胞記憶、あるいはハート（心臓）の働きが最大限に活性化したことによって、「あらゆる違い」が消えて「一つの同質性」だけが意識を占め、自他の壁が取り払われたのではないか、ということだ。

つまり、個としての思考や自我の枠がはずれて、宇宙生命の源としての空間そのものに同調（シンクロ）したと考えられる。

もちろん、それはテレパシーの働きとも重なる。

テレパシーや異種間コミュニケーションが実際に可能であることは、例えばペットの動物たちの心を通訳するアニマルコミュニケーターたちの活躍ぶりを見ても明らかで、いずれも個や種の枠を超えた生命自体が持つ相互作用（情報伝達）である。

ここでは、それを裏付ける理論として「量子もつれ」（量子テレポレーション）を取り上げるだけで十分だろう。

量子のもつれとは、一方の量子に何らかの刺激が加わわると、空間を超えて瞬時にその情報が他の量子に伝わる現象だ。人の思いも量子情報であることから、空間や種の違いを超えたテレパシックなコミュニケーションが可能なことを示唆していて、量子もつれの対象が自然物であれば、空間との同質化も可能となる。

その状態になると自分の気配が消え、製造元である5次元意識に開かれた状態になる。そうなれば、木内氏の体験にあったようにクマにも襲われず、猫にも気づかれず、異国の言葉が理解でき、潜在能力が開花する——のではないだろうか⁉

超古代や縄文時代に動植物や自然の心を理解し、彼らと平和的に共存できていたのも、そのようなテレパシックなコミュニケーションができていたからに違いない。

万物生命の製造元である5次元意識に対して、人の意識（ハート）が赤子のように100％開かれていたのだ。

心と量子、そして宇宙の関係

というわけで、最後にもう一度、「あの世」（5次元）と私たちの心、個の意識の関係について見ておこう。

「あの世」についての科学的な仮説として注目されているのは、量子論だ。

量子科学を創始したニールス・ボーア博士（ノーベル物理学賞）らは、「心が量子を創始した」と提起し、デビット・ボーム博士（ロンドン大学院教授）は、量子物理学の原理を導入して、「宇宙の物質は非物質により形成され、両者は相互に連続し、相互に溶け合い、エネルギーとして存在し、現在の世界を構成している」というホログラフィー宇宙論を提唱した。

さらに、「量子のもつれ」「ブラックホール」の命名者でもあるジョン・ホイーラ博士らも、科学的な実験に基づいて「心が量子に影響する」と述べている。

こうした学説は、量子物理学者でケンブリッジ大学院教授のD.B.ジョセフソン博士（ノーベル物理学賞）らによって解明されつつあり、物質は非物質の心である「宇宙の心：Universal Mind」によって形成されたという説が有力視されているのだ。

ようするに、宇宙の万物・生命は、人間の心よりも高度に進化した最高精神とも言える「宇宙心」によって創始されたというわけである。

この仮説は、量子科学だけでなく、臨床医学、臨床心理学、臨死体験学、精神医学等々の最先端の研究成果とも極めて相似的で、それゆえ量子医学や量子生物学などといった新たな学問領域も生まれている。

例えば、世界の最先端を行く脳神経科学者エベン・アレグザンダー博士（ハーバート大学教授）も同様な考えを持っている医学者の1人で、次のように述べている。

「心こそが存在のすべてであり、心が量子から宇宙まですべての生命体まで影響を与えており、それが宇宙心（Universal Mind）といわれるもの。宇宙心は一切の欲とは無縁であり、全宇宙に満ち溢《あふ》れた愛であり、心」と。

この「宇宙心（Universal Mind）」は、木内氏の言う「5次元の意識体」にかなり近いのではないだろうか。

宇宙の「原意識」と脳内の「量子情報」が行き来する

では、その宇宙心や5次元意識と私たちの意識はどのように繋がりあうのか？

そのヒントとなるのが、細胞の微小管に保持されているとする「量子情報」だ。

理論物理学者のロジャー・ペンローズとの意識に関する共同研究で「量子脳理論」を提唱した麻酔科医のスチュアート・ハメロフ博士（アリゾナ大学教授）は、臨死体験時には脳内の「量子情報」と宇宙の「原意識」が相互作用するとしている。

ハメロフ博士は、臓器提供手術の際、大動脈が止められて脳に血液が流れていない患者のモニターをチェックしたら、ニューロンが爆発的に活動を続けているのを確認。さらに、脳細胞の中のマイクロチューブル（微小管）の隙間《すきま》に麻酔薬の分子がはまることで一つの電子の動きを阻害することを発見した。

そして、ペンローズとの共同研究によって、脳の細胞骨格の一つであるマイクロチューブルが量子もつれの状態にある状態から、開く閉じるのどちらかである状態に崩壊する過程が意識を生む働きと関係があると考え、マイクロチューブルが分子レベルの情報を保持する「量子コンピューター」であると考えた。

さらにハメロフ博士は、臨死体験の本質は、「量子情報が脳内と宇宙空間を行き来すること」であり、「魂とは宇宙と繋がる量子コンピュータである」と述べている。

つまりこういうことだ。ハメロフ説では、宇宙の構成要素を「原意識」と呼び、臨死体験をすると量子コンピュータとしての脳の機能が止まる。けれど、脳細胞の中のマイクロチューブル内の量子情報は破壊されずに、宇宙全体の原意識に解き放たれる。

そして、患者が息を吹き返すと、宇宙に拡散した量子情報は再び脳内に戻される。もし息を吹き返さずに脳の機能が完全に停止すれば、その量子情報は3次元とは異なる次元で魂として存在する、というわけだ。

この説に従うなら、木内氏の場合、臨死体験によって脳内の量子情報が宇宙に開放され、そこで原意識である「大いなる我」と一体化し、「すべてが自分」となった。

そして、時間を超えて自由自在に見たいものを見ながら、宇宙開闢《かいびゃく》までの情報をも読み込み、それらの記憶情報を持って3次元に戻ってきたことになる。

だとしたら、そのアクセス先は、人類の集合的無意識やアカシックレコードの次元とは異なり、あらゆる分化が起きる前（未分化）の製造元の意識そのものだと考えられる。

つまり、木内氏は大元のプログラマーがつくった巨大スーパーコンピュータ内にアクセスして、空間の歪みからできた渦宇宙がこれまで辿《たど》ってきたプロセスを「自分自身の変化の物語」として観察してきたのではないだろうか。

「エゴ」中心から大洪水が起きる前の「意識」中心の生き方へ

これを5次元空間である「あの世」から見るとどうなるか？

3次元の人間があまりにも時間や空間、物質に縛られて、意識の働きを封じてしまっていて、本来の役割・責任を果たせなくなっている。

そこで、その閉塞《へいそく》状況を反転させる渦を起こすために、「大いなる我」が意図的に木内氏を5次元メッセンジャーとしていったん「あの世」に戻したのではないだろうか。

だとすれば、木内鶴彦という5次元メッセンジャーはただの珍しい死後体験者ではないし、まして個人的な我欲で彼を利用しようとしたり、依存的な人がぶら下がるための「蜘蛛《くも》の糸」でもない。

あえて言うなら、人々が内なる5次元意識に目覚めるための〝呼び水〟を与える、活性水的な存在だ。そしてその水の中には、まだ私たちが知らない未知の情報がたくさん含まれている。

では、私たちの内なる5次元意識の扉が完全に開いたらどうなるか？

それはまさに木内氏が言うように、人類の責任を自覚し、そして自分自身の役割を再認識して、地域の森づくり、人間社会の森づくりに主体的に参加すべく、思う存分人生の苦労を楽しめるようになるだろう。

私たちの本性が、この世の何ものにも拘束されない意識そのものであるなら、無限の可能性を秘めていることになり、それに気づき、それを自覚さえしていれば、これまで不可能と思われたことも可能になるはずだ。

他の動物や植物、微生物や自然霊、見えない存在との語らいや共同創造という変化が、あらゆる分野において広がっていくに違いない。渦を巻きながらどこまでも無限に広がり続け、拡大していく意識――まさにそれこそが5次元意識に他ならない。

そうなれば、この世における「大いなる我（創造神）」の代理人としての個々の働きもフルに活性化して、新たな現実が創造され、真に望ましい地球の未来が選択されていくだろう。

意識が覚醒《かくせい》した人々の地道な努力と連携によって、新しい文明への転換がはかられるのだ。それは何も修行をしたり、特別な組織や閉鎖的な共同体などを必要とはしない。

木内氏の目撃証言にあったように、大洪水が起きる前までの意識中心の生き方、ただそこに戻ればいいだけの話である。

大洪水後、食料を奪い合うようになって自我中心の生き方になり、そこから分離・敵対意識、差別意識、闘争心、エゴイズム等々が生まれてきたとしたら、今こそ「自我」から「意識」へと生き方の再設定をする時なのだろう。

おそらく、木内氏の目線の先、木内ワールドの先に見えているのは、これまでの生態系を破壊する持続不可能な「自我文明」から、生態系の循環に沿った持続可能な「意識文明」への転換に違いない。

果たして、そのどちらの渦を「楽しそうだな」と感じ、自ら「創造したい」と思うか？

それが今、私たち一人ひとりに問われている。

おわりに

夜間、山の中で1人で天体観測をしているときに、森の住民であるクマが傍らにいた木内氏の存在に気づかなかったことがあったというくらい、木内氏は若い頃から自然の中に溶け込める技を身につけていた。

5次元意識は、だからこそ、そんな人物を時空を超えた未知の世界に招いたのかもしれない。

本文で木内氏が述べているように、今、私たちに求められているのは、リーダーにぶら下がるのではなくて、各自が得意なものをしっかりと身につけて、共に苦労を楽しめる豊かな関係性を築いていくことだろう。

木内氏が提案している循環型のエコロジカルな村は、まさにそのような「人間の森」でもある。

そんな自立した者同士が築く緩やかなネットワークを志向する人たちにとって、木内ワールドは、夜空に輝く北斗七星のように人生の方向を見定める道しるべになるだろう。

木内氏が教えてくれた5次元の意識の扉を開くには——。

まずは、縄文人のように自然の中に身を置いて、騒がしい脳を休めよう。

小笠原英晃

引用・参考文献

〈木内鶴彦氏の著書および共著書〉
『宇宙（そら）の記憶』（龍鳳書房）
『生き方は星空が教えてくれる』（サンマーク出版）
『あの世飛行士　未来への心躍るデスサーフィン』（ヒカルランド）
『あの世飛行士　［予約フライト篇］死んでる場合じゃないよ』（ヒカルランド）
『これがあの世飛行士の真骨頂！　臨死体験3回で見た《2つの未来》この世ゲームの楽しみ方と乗り超え方！』（ヒカルランド）
『あの世飛行士（タイムジャンパー）は見た!?《歴史の有名なあの場面》あまりに不都合な《歴史トラブル》へのタイムトラベル』（ヒカルランド）
〈その他〉
『証言・臨死体験』（立花隆著／文藝春秋）
『人生に愛と奇跡をもたらす　神様の覗《のぞ》き穴《あな》』（保江邦夫著／ビオ・マガジン）
『奇跡の脳』（ジル・ボルト テイラー著・竹内 薫訳／新潮社）
『ペンローズの量子脳理論』（ロジャー・ペンローズ著・竹内 薫訳／徳間書店）

ヒカルランド　好評既刊!

地上の星☆ヒカルランド　銀河より届く愛と叡智の宅配便

Spiritual Guidance
木内鶴彦
松尾みどり
【霊統】で
知った魂の役割
自然エネルギーの開発者であり、
イサヤ、空海、スサノオの御魂を持つ
木内鶴彦
サナトクマラから見守られ、
イエスキリストが乗る宇宙船と遭遇した
松尾みどり
二人が託された魂の役割の意味は、
【霊統】から知ることができた!
ヒカルランド

【霊統】で知った魂の役割
著者：木内鶴彦／松尾みどり
四六ソフト　本体1,800円+税

木内鶴彦　きうち　つるひこ
1954年長野県生まれ。幼少より星や宇宙の神秘に魅せられ、小学５年のときに観察した池谷・関彗星がきっかけで彗星に興味を持つ。その後、航空自衛隊に入隊するが、生死をさまよう病気をきっかけとして退官。以後、長野県にて天体観測を続ける。彗星捜索家。90年３月16日、チェルニス・木内・中村彗星を発見。同年７月16日、土屋・木内彗星を発見。91年１月７日、メトカーフ・ブリューイントン彗星を再発見。92年９月27日スウィフト・タットル彗星を再発見。93年９月、国際天文連合よりスウィフト・タットル彗星発見の業績を認められ、小惑星に木内と命名される。97年TBS「いのちの響」に出演。2001年６月公開の映画「STEREO FUTURE」（製作・配給＝東北新社　監督：中野裕之）に出演。2004年、長野県北佐久郡望月町（現長野県佐久市）に、北八ヶ岳第一天文台を開設。2010年、「東久邇宮文化褒賞」受賞。彗星探査、環境保護活動、炭素化炉システム、太古の水の開発が評価された。著書に『生き方は星空が教えてくれる』（サンマーク）、『「臨死体験」が教えてくれた宇宙の仕組み』（晋遊舎）『あの世飛行士』『あの世飛行士 予約フライト篇』（保江邦夫氏との共著、いずれもヒカルランド）などがある。

小笠原英晃　おがさわら　ひであき
フリーライター。複数の出版社で精神世界系の書籍や雑誌の編集に携わり、1996年以降はフリーで活動を続ける。これまでに取材したスピリチュアルな領域における国内外の著名人や研究者は数百名を超える。著書『やさしくわかるアセンションナビブック』（分筆／マイナビ）、『天才五井野正博士だけが知っているこの世の重大な真実』（ヒカルランド）他。

未来を見てしまった男

木内鶴彦の超驚異的な超宇宙

地球と共に生き残るたった一つの道すじ

第一刷　2018年7月31日
第三刷　2025年1月22日

著者　木内鶴彦［語り］
　　　小笠原英晃［聞き手］

発行人　石井健資
発行所　株式会社ヒカルランド
〒162-0821 東京都新宿区津久戸町3-11 TH1ビル6F
電話 03-6265-0852　ファックス 03-6265-0853
http://www.hikaruland.co.jp　info@hikaruland.co.jp
振替　00180-8-496587

本文・カバー・製本　中央精版印刷株式会社
DTP　株式会社キャップス
編集担当　小暮周吾

ISBN978-4-86471-657-4

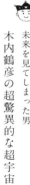

「太古の水」は、彗星捜索家の木内鶴彦さんが、地球誕生の頃の命を育む水を再現しようとして開発したものです。その活力に満ちた水を使って、体の外からも働きかける化粧品や薬用クリームなどが作られています。

●基礎化粧品で整える

ローションは太古の水シリーズのトップを切って開発され、長い間愛されています。

太古の水　ローションT（150mℓ）
販売価格　2,530円（税込）
太古の水　ローションT（400mℓ）
販売価格　5,060円（税込）

さっぱりしているのに、保湿効果があるローション。洗顔後に少量をコットンに含ませて、やさしくパッティングしてください。汗をかいた時や化粧直しに、乾燥が気になる時にも。もちろん全身にも使えます。

●成分：太古の水、グリセリン、ペンチレングリコール、PCA-Na、メチルパラベン、クエン酸 Na、トウモロコシグリコーゲン、DPG、リゾレシチン、クエン酸、ヒアルロン酸 Na

ヒカルランドパーク取扱い商品に関するお問い合わせ等は
メール：info@hikarulandpark.jp　URL：https://www.hikaruland.co.jp/
03-5225-2671（平日11-17時）

＊ご案内の価格、その他情報は発行日時点のものとなります。

本といっしょに楽しむ イッテル♥ Goods&Life ヒカルランド

木内鶴彦氏

『あの世飛行士』木内鶴彦・保江邦夫著（ヒカルランド刊）でお馴染みの彗星捜索家・木内鶴彦氏が考案した「太古の水」は、地球に生命が誕生した頃の活力に満ちた水を目指して作られたものです。

木内さんは活力にあふれた水をそのままの状態に保つ方法を研究しました。カギを握るのは圧力と太陽光。どちらも自然の贈り物です。
太古の水0.5ccサイズは500mℓのミネラルウォーターに１本、１ccサイズは１ℓに１本入れてご使用ください（これで1000倍希釈になります）。

冷やしても温めてもおいしくお飲みいただけます。ごはんやおかゆを炊いたり、味噌汁や野菜スープを作る時に使用すると、素材の味をよく引き出します。

健康づくりのために飲む場合は、１日500mℓを目安に、ご自分の体と相談しながらお飲みください。なお、水分を制限されている方は、その範囲内でお飲みください。

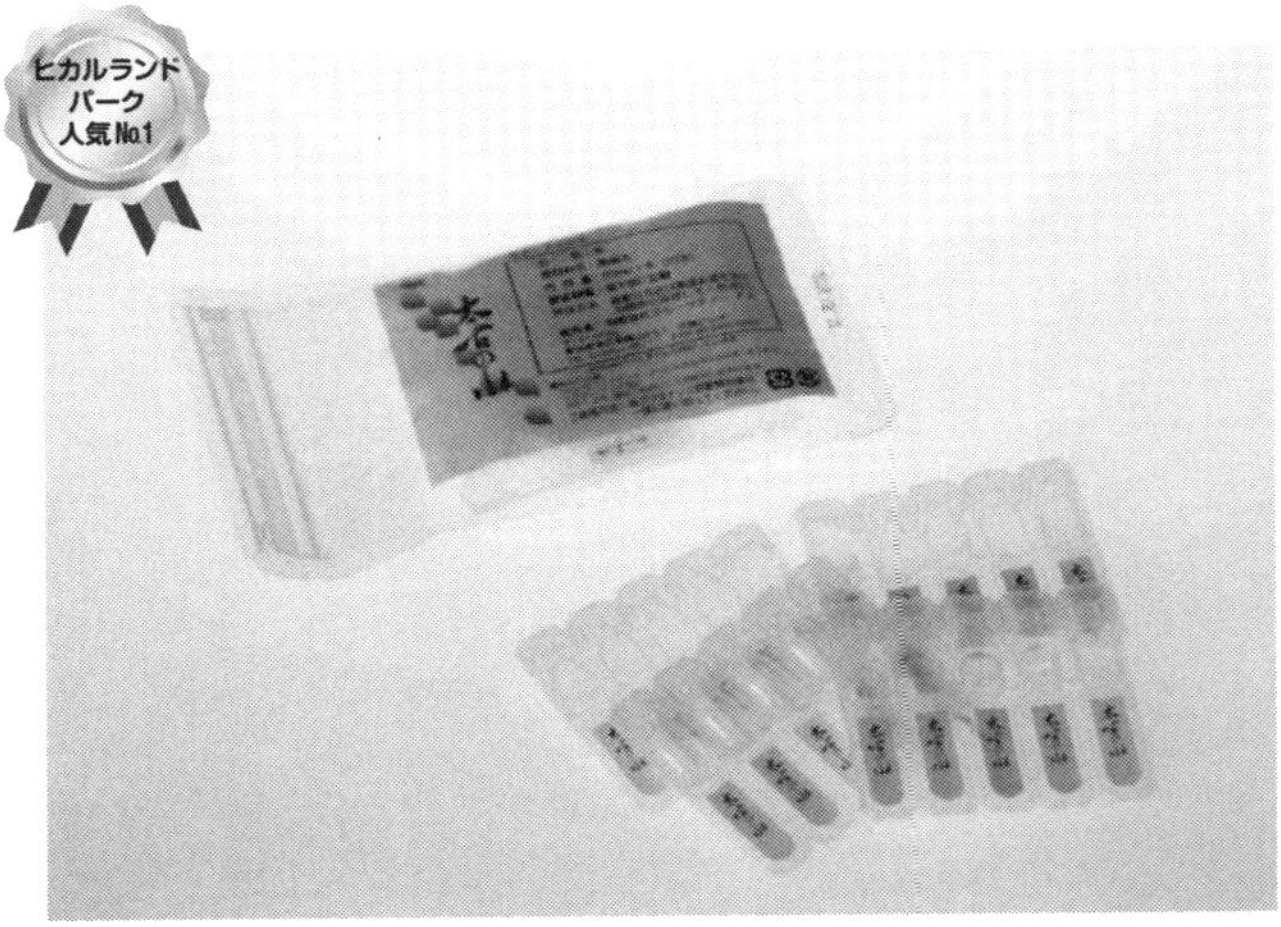

太古の水（0.5cc×20個）×２パックセット
販売価格　5,184円（税込）

太古の水（１cc×20個）×２パックセット
販売価格　9,720円（税込）

本といっしょに楽しむ イッテル♥ Goods&Life ヒカルランド

●薬用（医薬部外品）

太古の水　薬用クリーム（25g）
販売価格　2,420円（税込）

皮膚の乾燥を防ぎ、肌を保護してうるおいを与える薬用クリームです。かみそりまけ、日焼け、雪焼けにも。皮膚を健やかに保つために、化粧品とは別に、ぜひご家族でお使いください。マッサージや傷跡にも。

●有効成分：グリチルレチン酸ステアリル、酢酸トコフェロール
●その他の成分：ワセリン、トウモロコシデンプン、1、2－ペンタンジオール、精製水（太古の水）、ポリオキシエチレン硬化ヒマシ油、フェノキシエタノール

使い方のアドバイス

朝
洗顔（ユイル ド テ ナチュラルソープ）→ローション→フォンテエッセンスHR3→ジェル（またはミルククリーム）

昼
ローションふき取り→フォンテエッセンスHR3

夜
クレンジング（ユイル ド テ オイルクレンジングEX）→（洗顔）→ローション→フォンテエッセンスHR3→ジェル（またはミルククリーム）

お風呂上がり
フォンターナで髪のケア（洗髪後、タオルドライをしてから髪になじませてドライヤーで乾かしてください。地肌のマッサージにも）
ユイル ド テ prでお肌のケア（肘、膝、踵などお手入れの難しい部分に。また、髪の毛先にも効果的）

お休み前
ボンニュイ

ヒカルランドパーク取扱い商品に関するお問い合わせ等は
メール：info@hikarulandpark.jp　URL：https://www.hikaruland.co.jp/
03-5225-2671（平日11-17時）

＊ご案内の価格、その他情報は発行日時点のものとなります。

【波動測定の仕方】

① 身に着けている波動グッズや貴金属を外す

② 測定したいグッズを用意する。
複数ある場合は測定しない方のグッズを波動チェッカーからなるべく離してください

③ 紐の長さは任意、利き手の人差し指と親指に紐をかけ写真の様な振り子と三角形を作ります

④ 対象物から1センチ以上離してかざしてください

⑤ 振り子が揺れないスピードでゆっくりと前後左右上下してみましょう

⑥ 何かしら自らの動きと違和感を感じる場所を探します

⑦ 動かす範囲を広げても特に何も感じない場合はあなたとグッズの相性が良くないか、その製品にはパワーが無い、又は弱いのかも知れません

波動が出ているかチェックできる！

もこふわっとを制作したトシマクマヤコンが作成した不思議な波動測定グッズ！

波動ネックレスとしてお出かけのお供に！
波動チェッカーとして気になるアイテムを波動測定！

あなたの推しアイテム、
本当にどれくらいのパワーを秘めているのか気になりませんか？
見た目や値段、デザイン、人気度だけで選んでしまっていませんか？
買ったあとに、「これで良かったのかな？」と
後悔してしまうことはありませんか？

そんな時こそ、このふしぎな波動チェッカーの出番です。

チェッカーをアイテムにかざすだけで、あなたに答えてくれます。波動チェッカーが元気よく反応すれば、そのアイテムはあなたが求めているパワーを持っている証拠です。

パワーグッズを購入する前に、まずこのチェッカーで試してみましょう！

植物や鉱物、食品など、さまざまなものを測定することで、新たな発見があるかもしれません。

八ヶ岳の魔女メイさんも注目のアイテムです。

見た目も可愛いふしぎ波動チェッカー。
ヒカルランドスタッフ内でも大人気。
量子加工がされていて、波動の出ているものに近づけると磁石の同じ極を近づけた時のように反発します。
首にかけていれば運気 UP が期待できるアイテムです♪

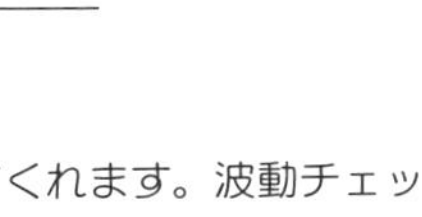

波動が出ているものに
近づけると反発

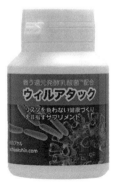

ヒカルランド　好評既刊！

地上の星☆ヒカルランド　銀河より届く愛と叡智の宅配便

超太古、宇宙に逃げた種族と、地球残留種族がいた？！
著者：木内鶴彦／三角大慈
四六ソフト　本体 2,000円+税

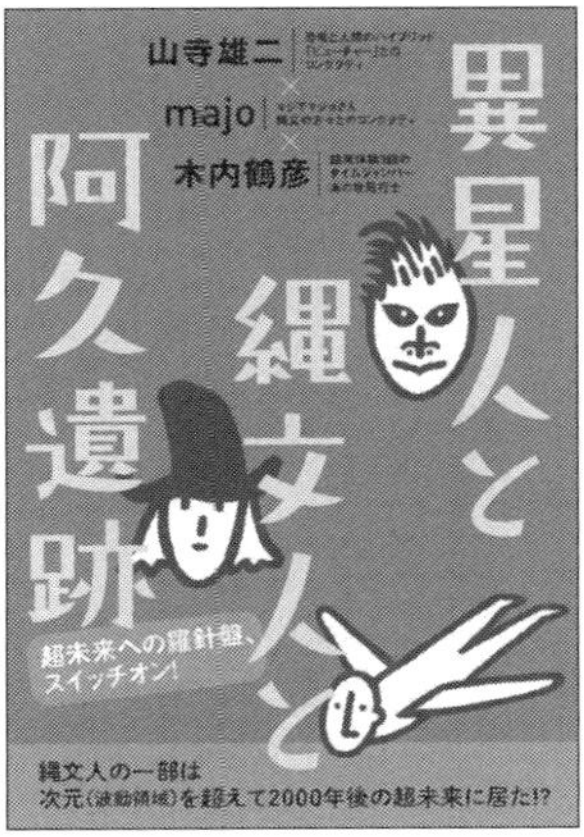

異星人と縄文人と阿久遺跡
超未来への羅針盤、スイッチオン！
著者：山寺雄二／majo／木内鶴彦
四六ソフト　本体 2,200円+税

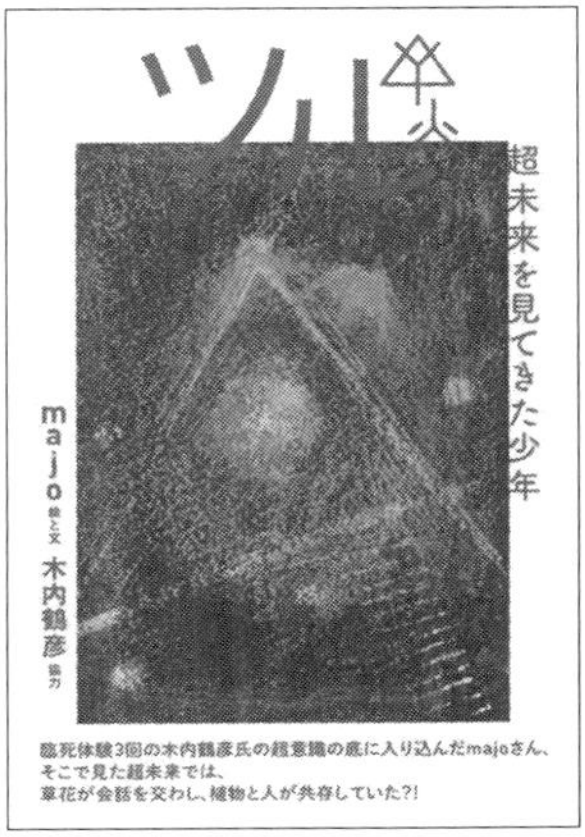

ツル 超未来を見てきた少年
絵と文：majo
協力：木内鶴彦
四六ソフト　本体 2,000円+税